LINGUAGEM, PODER E ENSINO DA LÍNGUA

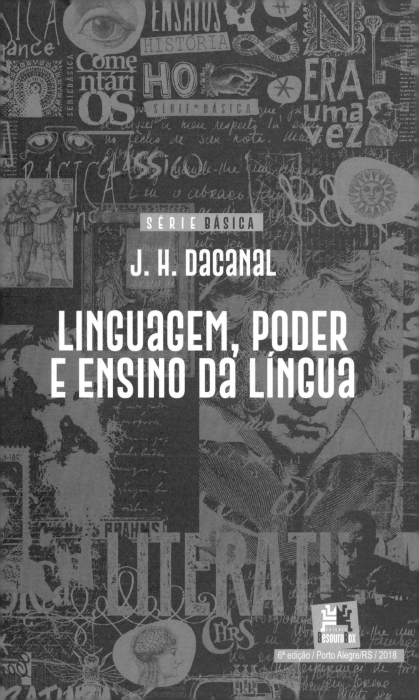

Capa e projeto gráfico: Marco Cena
Revisão: J. H. Dacanal
Coordenação editorial: Maitê Cena
Produção editorial: Bianca Diniz e Jorge Meura
Assessoramento gráfico: André Luis Alt

Dados Internacionais de Catalogação na Publicação (CIP)

D117   Dacanal, José Hildebrando
         Linguagem, poder e ensino da língua / José Hildebrando Dacanal. – 6ª edição. Porto Alegre : BesouroBox, 2018.
         116 p. ; 12,5 x 18,5 cm

         ISBN: 978-85-5527-074-1

         1. Linguagem – Linguística. I. Título

                                                      CDU 81'371

Catalogação na publicação: Mônica Ballejo Canto – CRB 10/1023

Direitos de Publicação: © 2018 Edições BesouroBox Ltda.
Copyright © José Hildebrando Dacanal, 2018.

Todos os direitos desta edição reservados a
Edições BesouroBox Ltda.
Rua Brito Peixoto, 224 - CEP: 91030-400
Passo D'Areia - Porto Alegre - RS
Fone: (51) 3337.5620
www.besourobox.com.br

Impresso no Brasil / Abril de 2018

*Esta obra é dedicada
aos professores que ensinam a falar
e a escrever segundo as regras da Gramática.
Eles foram e são os grandes heróis
da Língua Portuguesa e os civilizadores
anônimos do Brasil.*

SUMÁRIO

Nota à 6ª edição 9
O ensino do Português:
a coragem de não mudar *Cláudio Moreno* 11

Introdução 17
A língua como produção do homem 39
A língua como convenção 43
A língua como imposição social e histórica 45
A língua como instrumento de poder 51
Língua e civilização 55
A língua e a gramática 65
A liberdade pela língua: 69
O porquê da confusão 73
Como ensinar a língua 79
Posfácio 85

Adendos 91
A - Eu sou um imbecil..............................93
B - Os quadrúpedes 96
C - A pedagogia das centopeias.........................98
D - Entrevista ao Jornal JÁ.............................. 101
E - Pedagogia animal 113

Nota à 6ª edição

Esta 6ª edição reproduz a 5ª edição, de 2012, com algumas leves correções.

Publicada há cerca de três décadas, esta obra tem se tornado, infelizmente, cada vez mais atual diante da miserabilidade intelectual que caracteriza hoje o ensino da Língua Portuguesa, seja nos cursos de Letras, que se transformaram em verdadeiros antros de confusão teórica e ineficiência prática, seja nas escolas de Ensino Fundamental e Médio, cujos professores e alunos são vítimas de teorias tecnicamente equivocadas e tolas e socialmente absurdas e perniciosas. Teorias estas desenvolvidas por analfabetos que apresentam suas maléficas elucubrações em ensaios redigidos de acordo com a mais escorreita e castiça norma culta – fornecendo assim a imperativa e inequívoca prova de sua própria ignorância. E nem percebem.

    Desejo agradecer mais uma vez ao Prof. Dr. Cláudio Moreno a permissão para reproduzir seu já clássico ensaio sobre o papel e a missão dos professores de Língua Portuguesa. Evidentemente, ele é responsável apenas pelo texto que assina, vazado em estilo – passe o eufemismo! – bem mais contido do que os assinados por mim.

Porto Alegre, abril de 2018.

J. H. Dacanal

O ENSINO DO PORTUGUÊS: A CORAGEM DE NÃO MUDAR

Cláudio Moreno[1]

Um grupo de estudantes de Letras veio me visitar: faziam um trabalho para a Faculdade e queriam a minha opinião sobre o papel do professor de Português "neste novo milênio, frente às novas teorias linguísticas e aos novos meios eletrônicos de comunicação". Não pude deixar de sorrir diante de tanta novidade numa frase só; olhei-os com simpatia – todos vão ser meus colegas, em breve – e respondi que o nosso papel continua a ser o mesmo de sempre: transmitir ao aluno a língua da nossa cultura e ensiná-lo a se expressar em prosa articulada.

---

1 Doutor em Letras e professor aposentado do Instituto de Letras da UFRGS.

Talvez tenham ficado espantados com minha resposta, mas eu não estranhei a pergunta deles. Sei que o avanço da Linguística, com tudo o que nos trouxe de bom, provocou também essa curiosa insegurança da escola quanto aos objetivos do ensino do nosso idioma. No entanto, faço questão de repetir que esses objetivos não mudaram e não devem mudar, por mais que os argumentos em sentido contrário pareçam engenhosos. Um linguista, por exemplo, convidava seus leitores a imaginar um documentário de TV em que o narrador informasse que a canção de acasalamento da baleia azul continha vários erros grosseiros, ou que os gritos dos chimpanzés da Malásia vinham degenerando progressivamente. Não seria absurdo? Ora, se não podemos falar em erros da baleia azul, perguntava o linguista, triunfante, como podemos falar em erros na fala humana? Como pode a escola tentar impingir uma variante do idioma, tachando as demais de inadequadas? – e por aí ia a valsa.

A este tipo de raciocínio engraçadinho, que obteve grande sucesso nos anos 70, contraponho uma verdade que todos nós conhecemos: os linguistas sabem que a língua é muito mais do que a norma escrita culta que é ensinada na escola – mas a escola sabe, mais que os linguistas, que essa é a língua que ela deve ensinar. O que a escola faz, e tem a obrigação de fazer – porque só ela pode fazê-lo de maneira progressiva e sistemática –, é ensinar o futuro cidadão a se utilizar dessa forma tão especial de língua que é a *língua escrita culta,* cujas potencialidades espantosas aparecem na obra de nossos grandes autores. Machado de Assis, Vieira, Eça de Queirós, Nelson Rodrigues, Gilberto Freyre etc., cada um à sua maneira, são ótimos exemplos. É nesta língua que se cria e se organiza a maior parte de nossos pensamentos e de nossos sentimentos, seja escrevendo, seja falando (pode parecer paradoxal a inclusão da fala, mas não é; há muito se distingue a língua que o indivíduo fala *antes* do seu letramento e a língua que ele fala *depois*). Todas as demais variantes são respeitáveis como fenômeno cultural e antropológico, mas não é nelas que a escola deve concentrar seus esforços.

Sabedoria versus fantasia

Nosso aluno espera que o ensinemos a usar essa língua que constitui a modalidade do Português que todas as pessoas articuladas aceitam como a mais efetiva para expressar seu pensamento. Dizendo de forma mais rude: se houvesse forma melhor, ela estaria sendo usada. Todas as sociedades reconhecem isso; o velho Bloomfield, um dos linguistas "duros" do estruturalismo americano, ressaltou que a comunidade, em várias tribos de nativos por ele estudadas, sabia apontar muito bem aqueles que falavam melhor do que os outros. Na sua sabedoria, o público maciçamente tem repelido as tentativas desastradas de fazer a escola aceitar como válida toda e qualquer forma de expressão. Quem não lembra a triste moda dos anos pós-Woodstock, quando defendíamos com entusiasmo a valorização da linguagem do vileiro como algo digno de ser preservado? Hoje sabemos que nada mais era do que uma alegre fantasia da classe média acadêmica, que terminava cristalizando uma categoria de excluídos, contra a vontade de seus pobres falantes. "Não é para isso que a gente estuda" dizem eles – e chamá-los de conservadores é o mesmo que dizer, com arrogância, que nós é que sabemos o que é bom para a sua vida. Já vimos isso na política, em que alguns têm a petulância de dizer que o povo não soube escolher...

Disciplina do pensamento

Agora, por que a prosa? Porque escrever prosa nos torna homens mais exatos, como percebeu Francis Bacon. Escrever é disciplinar o pensamento; o domínio da prosa impõe rigorosa disciplina à nossa mente. Ao escrever, vamos deixando uma trilha do nosso pensamento, permitindo que voltemos sobre nossos próprios passos para encontrar o ponto em que nos desviamos da rota certa e onde nos enganamos. Além disso, precisamos seguir uma série de convenções que permitam que as outras mentes acompanhem o caminho descrito por nosso pensamento. Não vou exagerar, mas acredito que o pensamento articulado é impossível para uma pessoa que não consiga construir um texto coerente e também articulado – e não tenho certeza do que aqui é causa e do que é efeito. Uma escola que não ensine o aluno a escrever com clareza e coerência está comprometendo algo muito mais profundo do que aquilo que os antigos chamavam de uma "boa redação".

Muitos alegam que essas regras são mantidas apenas porque é assim que se afirma o poder da elite, dividindo a população entre os que conseguem e os que não conseguem entendê-las. Em parte, é verdade: quem as domina consegue expressar-se melhor e argumentar melhor, o que resulta inevitavelmente em maior poder sobre os outros. Mas não são regras estabelecidas por capricho ou por acaso; elas nasceram da experiência acumulada em milhares de tentativas de expressar-se articuladamente em Português, ao longo dos últimos oito ou nove séculos, num esforço gigantesco que produziu esse magnífico instrumento de expressão e de argumentação. Se essa língua é usada para dominar e submeter, pode, com muito mais razão, ser usada para libertar. Em nome da igualdade social, essa é a missão da escola. Quanto a como fazer isso, em escala universal e democrática, é uma questão que deve ser resolvida estrutural e politicamente pelos governos e pela sociedade, não pelos professores de Português.

INTRODUÇÃO

"Jogue a realidade porta afora e ela voltará arrombando a janela" diz um provérbio francês – aqui em tradução livre.[2]

Este antigo brocardo descreve com precisão os caminhos e descaminhos que a teoria e a prática do ensino da Língua Portuguesa percorreram nas últimas três ou quatro décadas no Brasil. A popularidade e o sucesso do prof. Creysson,[3] de um lado, e, de outro, a crescente proliferação de obras, cursos, colunas de jornal e programas de rádio e tevê que têm por objetivo ensinar a

---

2 *Chassez le réel, il retournera au galop* (Expulsai a realidade, ela voltará a galope).
3 Personagem do ator Cláudio Manuel do programa *Casseta e Planeta,* da TV Globo.

falar e a escrever corretamente em português demarcam, como símbolos, esta técnica e culturalmente desastrosa e histórica e socialmente complexa trajetória. Expliquemos sucintamente a questão.

1 – Desde os tempos de Gil Vicente, de Luís de Camões, do Padre Antônio Vieira e das primeiras gramáticas até a década de 1970 aproximadamente, ninguém jamais discutiu a sério o *que* e *como* se deveria ensinar nas aulas de Língua Portuguesa. É verdade que no século XIX, no Brasil, o romancista e ensaísta José de Alencar propugnava pela criação de uma *língua brasileira* (ou *nacional*) e que no início do século XX o jornalista e romancista Lima Barreto mostrava-se desleixado em relação a certas regras gramaticais e escritores e agitadores culturais como Mário de Andrade e Oswald de Andrade tiveram a audácia de propor a criação de, digamos, uma *nova língua* e, até, de exemplificar em alguns de seus textos os novos cânones propostos. Contudo, tais propostas sempre foram vistas – e com razão, segundo bem o demonstra a quase nula influência que tiveram – como provocações pouco úteis de vanguardistas mais ou menos inquietos, agressivos e sem seguidores.

Mas esta discussão não vem aqui ao caso. O que importa observar é que a escola permaneceu infensa e imune a tais marolas teóricas e práticas e nela continuou-se a ensinar gramática, a fazer análises (morfológica e sintática) e ditados, a ler os clássicos, a corrigir com lápis ou caneta vermelhos as redações e dissertações, a exigir caderno de vocábulos etc. E, como natural consequência, a aprender a falar e a escrever em Língua Portuguesa com competência e proficiência. Nada a admirar, aliás, que assim acontecesse. Os métodos seguidos vinham sendo aplicados, testados e aprovados no Ocidente há pelo menos três milênios... E os argumentos para defendê-los eram, e continuam sendo, irretorquíveis: as obras de Homero, Ésquilo, Sófocles, Eurípides, Tucídides, Xenofonte, Platão, Cícero, Virgílio, Horácio, Salústio, Ovídio, Tácito, Dante, Petrarca, Cervantes, Camões, Shakespeare, Goethe, Balzac, Tólstoi, Machado de Assis, Fernando Pessoa, Graciliano Ramos, Erico Verissimo, Manuel Bandeira, Mário Quintana, João Guimarães Rosa... Entre centenas de outros gênios da língua e da arte literária

2 – Repentinamente, por volta do início da década de 1970, o ensino da Língua Portuguesa começou a ser questionado, tanto em seu conteúdo básico – a gramática – quanto em sua metodologia – as análises, os ditados etc. Era o início do desastre, logo consumado, que se prolonga até hoje.

Mas, afinal, por que, depois de mais de quatro séculos de Língua Portuguesa estabelecida e de cerca de três milênios de pedagogia utilizada, nasceu a controvérsia? Por que gramáticos e professores começaram a solapar as bases de sua própria função – e de seu ganha-pão?

Grosso modo, as causas que estão na origem do fenômeno são de natureza *técnica* e *histórica.*

1 – As causas de natureza técnica

O estudo dos fenômenos da *linguagem* e da *língua* é hoje uma área muito vasta do conhecimento, envolvendo ampla e heterogênea gama de disciplinas que vai desde a anatomia[4] até a filosofia[5] e englobando um núcleo de *estudos genéricos* – antropologia, história, geografia, economia, política, arqueologia etc. – e outro de *estudos específicos* – linguística, filologia, etimologia etc. Assim, é compreensível, particularmente em épocas de profundas e rápidas transformações sociais e tecnológicas, que os caminhos se confundam e que os sinais se troquem, gerando muitas vezes não o conhecimento mas o caos, como se verá a seguir.

Na impossibilidade de analisar a fundo estes temas, basta aqui dizer que de um ponto de vista técnico a controvérsia sobre o conteúdo e os métodos de ensino da Língua Portuguesa é produto da limitação intelectual, da confusão teórica e da inadequação profissional dos agentes nela envolvidos.

Por isto, falando em termos claros e sem rodeios, o professor de Língua Portuguesa que, em qualquer série ou nível, disser a seus alunos que não há *certo* ou *errado*, que cada um fala e escreve como quiser, que não há por que corrigir redações e dissertações, este professor revela ignorância, diz uma mentira, pratica uma fraude e fornece a prova das três. Vejamos.

---
[4] Estrutura e funcionamento do aparelho fonador e da área cerebral responsável pela fala, por exemplo.
[5] Teorias do inatismo, do funcionalismo, do estruturalismo etc.

- Revela ignorância por desconhecer que apenas no campo específico da *linguística* os conceitos de *certo* e *errado* não possuem qualquer valor.[6]

- Diz uma mentira porque os conceitos de *certo* ou *errado* são, sim e exatamente, o fundamento sobre o qual se organiza o ensino de uma língua, seja ela qual for. Porque toda língua é, por natureza, uma *convenção,* vigente numa sociedade específica, num momento determinado e num espaço geográfico definido. E porque a função de um professor de língua é precisamente a de ensinar as regras desta convenção àqueles que passam a fazer parte desta sociedade.

- Pratica uma fraude – um verdadeiro *estelionato pedagógico* – porque, sendo pago pelos pais dos alunos, pelo contribuinte brasileiro ou pelos próprios alunos, este professor não está cumprindo a função pela qual é pago, função esta que é, precisamente, a de ensinar seus alunos a dominarem da melhor forma possível a convenção, para poderem assim utilizá-la no futuro como instrumento de trabalho e como ganha-pão.

- Fornece a prova da ignorância, da mentira e da fraude porque, em 100% dos casos, o(s) professor(es) adepto(s) de tais e semelhantes esdrúxulas teorias as defende(m) servindo-se do mais escorreito português

---

6 Caso tais conceitos tivessem valor em linguística, o português – como qualquer outra das línguas neolatinas – seria considerado um latim degenerado, o catalão um castelhano errado, o dialeto caipira brasileiro – já extinto – um desvio teratológico... E assim por diante. Este truísmo elementar está na base da linguística como ciência. Mas não tem nada a ver com a função de um professor de Língua Portuguesa!

e seguindo as mais estritas regras da morfologia, da sintaxe e da semântica... Com razão, aliás: ele(s) não quer(em) passar por ignorante(s) diante dos infelizes de seus alunos e diante dos tolos que dão atenção a tais teorias!...[7]

2 – As causas de natureza histórica

As mudanças históricas – econômicas, tecnológicas, demográficas, sociais, políticas etc. – não se esgotam em sua materialidade. Elas afetam direta e profundamente a visão de mundo, as crenças e os comportamentos dos indivíduos e das sociedades em que ocorrem. E tanto mais profundamente quanto maior sua dimensão e mais rápido seu ritmo.

Entre outros mais ou menos recentes, o Brasil das últimas décadas do século XX é um exemplo paradigmático deste fenômeno. Tendo aumentado explosivamente sua população em mais de 100 milhões de habitantes[8] a partir de meados da década de 1960 e saltado intempestivamente, a partir da década seguinte, de uma economia agrícola e pré-industrial – quando não da Idade da Pedra – para uma economia típica da II

---

[7] Conheci uma professora, na década de 1980, que defendia furiosamente tais teorias "modernas". E onde seus filhos estudavam? Em um colégio conhecido por ser um dos raríssimos que ainda seguiam os métodos tradicionais de ensino da Língua Portuguesa. Esta professora podia ser ignorante e tola mas louca certamente ela não era...

[8] V. *Brasil: do milagre à tragédia (1964-2004)*. Porto Alegre: BesouroBox, 2014, pg 56. Cem milhões de habitantes representam quase duas Itálias, quase duas Franças, quase duas Grã-Bretanhas e mais (cerca de 1, 2 vezes) do que a Alemanha reunificada.

Revolução Industrial, dos transportes rápidos, da urbanização acelerada e das comunicações *on-line,* a sociedade brasileira pagou, paga e pagará por longo tempo o preço destas transformações cataclísmicas.

Mas, restringindo a análise ao tema tratado nesta obra, quais as *causas históricas* que estão na origem das controvérsias das últimas décadas sobre o conteúdo e os métodos de ensino da Língua Portuguesa?

Estas controvérsias são várias em número e variadas em natureza. A seguir são listadas as principais.

1 – A perda de conhecimento

Grandes transformações históricas trazem consigo diversas, amplas e graves consequências. Uma delas é a perda de conhecimento em determinadas áreas. Na história do Ocidente, o período helenístico,[9] a desintegração do Império Romano e a Idade Média são exemplos clássicos.

As causas deste fenômeno são óbvias: as estruturas sociais são abaladas ou destruídas, as instituições se desagregam e as correias de transmissão do conhecimento anteriormente acumulado se perdem, não raro pelo simples fato de que este conhecimento deixa de ter funcionalidade no novo contexto histórico por não interessar aos novos atores sociais.

---

9 De meados do século IV a.C. até o século I d.C., aproximadamente.

2 – A colonização mental-tecnológica

O fenômeno do *desenvolvimento* desigual, e de suas consequências, remonta, possivelmente, aos albores das relações entre as primeiras comunidades humanas sedentárias. E foi no século XX um tema de interesse recorrente para cientistas, economistas, políticos, historiadores etc. Mas o que tem isto a ver com a controvérsia sobre o conteúdo e os métodos de ensino da Língua Portuguesa?

Esta é uma história curiosa, aparentemente envolta em mistério e fantasia. Ela é extremamente real e prosaica para quem conhece suas verdadeiras componentes e o esquema de funcionamento dos processos de colonização mental-tecnológica – fruto clássico do antes referido processo de desenvolvimento desigual.

Nos países desenvolvidos, em particular nos Estado Unidos, a pesquisa científica, nas Universidades[10] ou fora delas, financiada por recursos públicos ou privados, está sempre ligada diretamente a interesses econômicos e políticos, isto é, industriais, militares, comerciais etc. Lá, desde os tempos de Thomas Edison, de Graham Bell, de Oppenheimer e de Los Alamos,[11] a

---

10 Ou nos chamados Institutos. O Massachussets Institute of Technology (MIT) é um dos mais famosos deles. Foi nele e em centros de estudos estratégicos que se desenvolveram a linguística algebrizada – ligada diretamente à ciência da criptografia e à espionagem militar –, a linguística matemática, os programas de tradução mecânica etc. Por trás do sintaticismo bloomfieldiano, das árvores sintáticas e de seu sistema binário etc. há muito mais do que poderiam imaginar *los macaquitos de Brasil*. E da periferia em geral.

11 Oppenheimer chefiou, em Los Alamos, Novo México, a equipe de cientistas que desenvolveu a bomba atômica.

pesquisa científica não é assunto de líderes sindicais semi-analfabetos, de donos de sinecuras universitárias ou de demagogos e vigaristas profissionais. Lá, para o bem ou para o mal, pesquisa científica é uma questão estratégica, um assunto de poder nacional. E assim é tratada. Aqui não é o lugar para discorrer sobre tais temas, já por muitos analisados. Mas é importante referir, pelo menos *en passant,* a atmosfera e os interesses em que nasceram e se desenvolveram certas teorias linguísticas, particularmente de origem norte-americana, surgidas em meados do século XX e depois transformadas em reluzentes miçangas intelectuais compradas por pseudocientistas e pseudopesquisadores de Santa Cruz e outras terras. Vejamos.

Desde o redator do Livro do Gênesis, com a lenda de Babel, e Platão, com *Crátilo,* passando por Dante *(De vulgari eloquentia),* Du Bellay, Scaliger e tantos outros, até Saussure, Sapir, Trubetzkoy etc., a preocupação com a língua e com o fenômeno da linguagem é uma constante. Míticas ou científicas, corretas ou equivocadas, funcionais ou inúteis, as teorias pouco ou nada influenciaram os métodos tradicionais de ensino e aprendizagem da língua no Ocidente e ainda hoje pouco ou nada têm a oferecer nesta área. Afinal, como foi visto, os grandes gênios da literatura, da filosofia, da história e de todas as áreas das ciências exatas nada sabiam de linguística, de árvores sintáticas, de morfemas, lexemas, semenas etc. Os grandes artistas da palavra no Ocidente conheciam apenas – e muito bem

– a gramática, isto é, a estrutura e o funcionamento de sua língua, indo-europeia por definição. E este conhecimento foi a matéria-prima com que moldaram as obras que os eternizaram. Logo – lógica aristotélica primária –, todas as teorias linguísticas, antigas ou modernas, são inúteis. Os gênios da arte literária são o argumento, incontestável e irrecorrível. O que não quer dizer que as teorias e as pesquisas sobre os fenômenos da língua e da linguagem não tenham desempenhado e não desempenhem papel importante em áreas tão díspares da ciência como história e medicina, por exemplo, e que não tenham aplicação em outras. É aqui que bate o ponto.

O nascimento da ciência da computação em meados do século XX e os espantosos avanços da microeletrônica nas décadas seguintes revolucionaram radicalmente várias áreas do conhecimento, da pesquisa, da produção etc. O estudo da língua e da linguagem foi uma delas. É fundamental, por exemplo, perceber que o sintaticismo *à outrance* de corte bloomfieldiano/chomskyano se desenvolveu paralelamente ao avanço da informática, fosse como *hardware,* fosse como *software,* isto é, como máquinas ou como programas. Por quê? A resposta é óbvia e, ao mesmo tempo, complexa.

A capacidade crescente dos computadores de processar uma quantidade quase infinita de dados a uma velocidade vertiginosa teve um impacto brutal sobre os centros estratégicos de poder mundial, em todas as áreas, aposentando intempestivamente velhos métodos operacionais e abrindo rapidamente fronteiras até então intransponíveis ou até ignoradas.

Sucintamente, pode-se afirmar que este impacto revolucionou a pesquisa, a *inteligência*[12] e a produção. Mas o que tem a ver a linguística com tudo isto? Obviamente muito. Com o avanço da ciência da computação – para citar apenas dois exemplos clássicos – a criptografia[13] aposentou para sempre seus métodos paquidérmicos de codificar e decodificar mensagens e a indústria eletrônica passou a investir pesado em máquinas e programas de leitura e processamento de textos, de tradução mecânica etc. Foi a época áurea dos linguistas norte-americanos, de suas teorias sintaticistas e do "universalismo" chomskyano[14] etc. E com razão! Imagine-se, por exemplo, que lucro monstruoso não

---

12 No sentido de busca, processamento, armazenamento, uso e transmissão de informações. Um dos segmentos da inteligência – no sentido aqui dado à palavra – é o da espionagem, que abrange vários ramos, geralmente interligados: militar, científico, industrial, comercial etc.

13 A ciência de cifrar e decifrar mensagens. A palavra vem do grego *kryptos* (secreto) e *grafein* (escrever). *The golden bug* (O escaravelho de ouro), de E. A. Poe, além de ser um conto curioso e interessante, é para leigos uma aula de iniciação no fascinante e, literalmente, secreto mundo da criptografia. Aliás, grande parte da terminologia linguística norte-americana tem origem na criptografia e na lógica binária dos programas *(softwares)* de computação: *message, code, codification, decodification, if, only, only if* etc. E as famosas árvores são simplesmente programas de computador.

14 A *universal grammar* de Chomsky não é mais que a velha teoria inatista, que não passa de uma evidência *per se*: todo integrante da espécie humana, desde que não tenha deficiências, possui a capacidade de aprender línguas. O problema é quando professores e alunos entendem esta *gramática universal* como referente à estrutura de *todas* as línguas. Então a evidência *per se* do inatismo deixa de ser uma teoria óbvia e inútil para transformar-se em pura e sólida besteira.

teria quem montasse um *software* capaz de traduzir simultaneamente várias línguas![15]

É impossível alongar esta análise. Mas é imprescindível ler *História da linguagem,* da linguista romeno-francesa Julia Kristeva.[16] O capítulo XVI desta obra, intitulado "A linguística estrutural", infelizmente sucinto, deveria ser lido por todos os interessados no assunto, particularmente pelos coitados dos alunos dos cursos de Letras, que no Brasil há mais de três décadas são vítimas do *massacre arbóreo* protagonizado por professores que não têm a menor noção do que estão falando.

Lamentavelmente, devido à lei que regula direitos autorais, é inviável transcrever aqui o que Kristeva diz sobre o estruturalismo de Bloomfield e a gramática gerativo-transformacional – e o sintaticismo que os caracteriza –, sobre o meio em que tais teorias se desenvolveram nos Estados Unidos e na (ex-)União Soviética e sobre as finalidades e aplicações a que serviram em seus países de origem.

A obra de Kristeva foi publicada originalmente no final da década de 1960. Mais de quarenta anos depois as mentes colonizadas dos nativos deslumbrados da periferia continuam papagaiando tola e acriticamente tais teorias, ignorantes do conteúdo delas e dos objetivos a que serviram e ainda servem. Enquanto isto o desastre

---

15 Grandes empresas de comunicação já investem hoje pesadamente em máquinas e programas que permitam em futuro próximo a tradução instantânea em ligações telefônicas internacionais.

16 Lisboa: Edições 70 Ltda., 1970. O título original é *Le langage, cet inconnu.*

no ensino da Língua Portuguesa alcança dimensões jamais vistas e consequentemente se amplia de forma assustadora o analfabetismo funcional. Os bárbaros não estão às portas. Já entraram há muito!

3 – Ausência do teste imediato da eficiência

Se um paciente morre por incúria ou por incompetência comprovadas, o médico é imediatamente processado e pode perder seu registro profissional. Se um prédio desaba e for constatado que o sinistro resultou de um erro de cálculo no projeto, o engenheiro responsável também é imediatamente processado e pode perder seu registro profissional. Se um empresário perde dinheiro ou vai à falência devido a um negócio mal feito, o economista/financista que o assessorou é imediatamente demitido. Se um professor de Língua Portuguesa diz que não há *certo* nem *errado,* se se nega a ensinar gramática e a corrigir redações, provas e dissertações com caneta vermelha, é respeitado e admirado por seguir moderníssimas teorias linguísticas e pedagógicas... E fica por anos no cargo formando ignorantes e incompetentes à sua imagem e semelhança!

Nos quatro exemplos acima a consequência é a mesma: o desastre. A diferença é que no último o resultado será percebido apenas uma ou duas décadas depois, quando os alunos do referido professor forem considerados *analfabetos funcionais*[17] – isto é, não entendem o que leem

---

17 Estatísticas recentes têm mostrado que o Brasil está entre os países pior colocados neste *ranking*. Uma das últimas indica que cerca de 75% dos brasi-

e são incapazes de redigir um texto de trinta linhas razoavelmente organizado, compreensível e sem erros graves de morfologia, sintaxe, semântica e pontuação – deixando à parte a estilística e a retórica.

Esta é a verdade: nas áreas técnicas, pela própria natureza delas, geralmente há o *teste imediato da eficiência.* E não adianta choro ou ranger de dentes: nas áreas das antigamente ditas *Humanidades* este teste não existe. Pior do que isto, não raro nestas áreas um profissional inútil, incompreensível, incompetente e pernicioso é considerado genial e brilhante. E outro duro, exigente, dedicado e eficiente é visto como antiquado e chato.

Este é o desastre. Que se amplia irreversivelmente em épocas de grandes transformações históricas, épocas que se caracterizam, por definição, por incertezas, insegurança e perda de conhecimento.

4 – O calcanhar de Aquiles da gramática

A gramática – entendida como *disciplina* ou *livro* – de qualquer língua é a codificação *a posteriori* das regras que regem a variante dominante desta mesma língua em determinado espaço geográfico e em determinado momento histórico.[18] Por isto, toda gramática, no acima referido sentido do termo, é por definição *impositiva, sincrônica* e *a-histórica*. Isto é, ela diz:

a) o que é *certo* e o que é *errado*

---

leiros entre 15 e 65 anos não entendem o que leem!
18 V. adiante.

b) naquele momento específico e

c) sem preocupar-se com o passado.

Tais afirmações, que sempre foram, são e devem continuar sendo um truísmo para qualquer professor de Língua Portuguesa – e de qualquer língua! – começaram a ser contestadas no Brasil a partir do início da década de 1970. Este fenômeno foi e é parte e consequência das velozes e profundas transformações históricas que, como se viu, subverteram, e continuam subvertendo, desde então o país e suas instituições. Seria longo explicar detalhadamente o fenômeno em questão mas, sucintamente, pode-se dizer que ele está ligado àquilo que se poderia denominar de "calcanhar de Aquiles da gramática", isto é, seu ponto fraco. Vejamos.

Se uma língua é, por natureza e por definição, uma convenção de uma sociedade, é obvio que ela, a língua, será afetada quando esta sociedade passar por transformações. Consequentemente, a gramática – como *disciplina* e como *livro* – também deve, ou deveria, registrar imediatamente as eventuais mudanças ocorridas na língua, já que ela, a gramática, é, vale repetir, a simples codificação *a posteriori* das regras que regem a convenção – isto é, a língua que a sociedade fala. Assim diz a lógica mais elementar. Mas a questão não é tão simples. Por quê?

Porque toda convenção tende a ser *estática* no curto prazo e a ignorar e/ou a desconsiderar modificações conjunturais e pontuais da realidade da qual ela, a convenção, é produto (ou *superestrutura,* na terminologia de Marx). Toda convenção é um carro parado, pesado, estacionado em terreno plano e submetido aos solavancos mais ou menos fortes do meio sobre o qual ele foi construído. Este carro, quando se move, o faz lentamente. É assim com todas as instituições sociais. Às vezes, muito raramente, se for pesado demais e os solavancos fortes demais, o carro pode ser destruído antes mesmo de começar a mover-se. Neste caso é uma *revolução*. Que na instituição/convenção denominada *língua* nunca ocorre intempestivamente. E por várias razões que aqui não importam.

Deixando à parte estas digressões sociológicas, o fato é que, como toda convenção, a gramática tende a ignorar os solavancos da realidade – isto é, da língua –, protegendo-se de suas consequências e resistindo à pressão para alterar suas regras. Isto, em si, não é bom nem ruim. É apenas um fato, que, como foi dito acima, é comum à natureza de todas as instituições sociais.

Indo diretamente ao que interessa: como reagem, ou reagiram o gramático, o professor de Língua Portuguesa e o linguista diante das transformações históricas e das consequências teóricas e práticas delas resultantes que afetaram sua área de trabalho?

Observando-se o que ocorreu no Brasil nas últimas décadas, pode-se afirmar que, por não disporem de adequada visão histórico-social e técnico-pedagógica sobre os fenômenos enfrentados,[19] a reação, *grosso modo*,

---

19 Como foi visto acima, em 1.

assumiu três formas, todas inadequadas, quando não desastrosas:

– Ignorando e/ou atacando *in limine* as eventuais mudanças, como se a gramática – sempre no sentido de *disciplina* e/ou *livro* – fosse pré-existente à língua e não codificação *a posteriori* das regras da norma socialmente dominante.

– Atacando e desprezando a gramática – como se ela fosse uma imposição aleatória e não um produto histórico-social –, e colocando assim o professor na cômoda posição de irresponsável desobrigado de desempenhar suas tarefas pedagógicas e de cumprir sua função social.

– Ignorando o problema e refugiando-se no mundo irreal das teorias linguísticas mais ou menos incompreensíveis, geralmente importadas e inúteis, que nada têm a ver com a língua como fenômeno histórico-social e muito menos com a função dos professores de Língua Portuguesa em sala de aula.

5 – O professor fragilizado e angustiado

Tanto na Universidade quanto no Ensino Fundamental e Médio, o professor de Língua Portuguesa é parte integrante da crise e vítima fatal das circunstâncias. Mas na Universidade ele está fechado em sua redoma acadêmica e protegido pela aura de seu real ou suposto conhecimento científico. Ao contrário, no Ensino Fundamental e Médio – e não apenas na rede pública – o professor de Língua Portuguesa está na arena e entregue às feras, ficando, muitas vezes, fragilizado e angustiado. Isto porque ele se sente:

• Tecnicamente confuso – principalmente quando mais jovem – por não possuir princípios teóricos capazes de fundamentar e orientar seu trabalho, já que os cursos que formam professores nesta área carecem hoje, muitas vezes, de diretrizes sólidas que privilegiem a competência e a eficiência e cedem, pelo contrário, espaço às modernosidades vazias e às novidades inúteis.

• Pedagogicamente inseguro porque, não dispondo de um coerente e consistente *corpus* doutrinário em que basear-se, é vacilante em seus ensinamentos e, por consequência, ineficiente em seu papel de instrutor.

• Socialmente enfraquecido, como, aliás, todos os seus colegas das demais áreas, particularmente na rede pública, por ter que enfrentar carências de toda ordem – suas e de seus alunos –, que são os frutos perversos de um país brutalmente desigual e injusto.

• Civilizatoriamente impotente diante do caos e da desordem de um país que cresceu 100 milhões de habitantes em 40 anos, viu suas instituições se desintegrarem e vê crescerem explosivamente a miséria, a violência e o crime, situação que se reflete diretamente nas salas de aula e no ensino como um todo, com o esgarçamento da autoridade e da disciplina.

6 – A tentação do desânimo, do comodismo e do populismo

Mais do que qualquer outra disciplina, a de Língua Portuguesa traz para dentro da sala de aula – e, não raro, de forma direta e imediata – a realidade que está lá fora: as mudanças históricas, a desagregação da sociedade, as diferenças de classe, as peculiaridades regionais, as novidades do léxico, os idioletos grupais etc. Por isto, num país que em poucas décadas passou da pena ao computador e da carroça à informação *on-line,* é natural que o professor de Língua Portuguesa – mais que o de outras disciplinas e não apenas na rede pública – se sinta desorientado e confuso, à parte suas eventuais limitações pessoais.

Nesta situação três são as principais tentações que rondam o professor e nas quais ele corre o risco de cair: o desânimo, o comodismo e o populismo.

• O desânimo dos que, compreensivelmente, diante da dramática realidade de uma disciplina que perdeu seus fundamentos, de uma escola que perdeu seu rumo e de uma sociedade que perdeu seus marcos civilizatórios, se sentem impotentes em sua quase desesperadora missão de educar bárbaros em meio a bárbaros.

• O comodismo dos que, também compreensivelmente, pelos motivos acima expostos e por carecerem de uma ética social e profissional mais sólida, escolhem surfar sobre o caos e assim adotam, agradecidos, as teorias de um facilitário,[20] para eles muito oportuno, que justifica sua posição e os exime de trabalhar, de enfrentar seus alunos e, não raro, de sofrer a discriminação de colegas "mais modernos."

• O populismo dos que, traindo sua função de educadores, transformam a sala de aula em palco de um proselitismo sindical-partidário pseudoprogressista, danoso e anti-ético, fazendo de seus alunos vítimas inocentes de interesses pessoais e ideológicos, escusos ou não. Pior do que isto, alguns defendem e põem em prática a esdrúxula e perversa teoria de que a gramática não deve ser ensinada aos pobres porque é um instrumento de dominação da burguesia e que, portanto, falar *errado* é um exercício de liberdade...

Os que assim pensam não passam de ingênuos e ignorantes,[21] quando não de falsários e estelionatários que, travestidos de esquerdistas, progressistas e defensores da justiça e da igualdade, negam ou dificultam – e exatamente aos que mais disso precisam – a possibilidade de aprenderem a ler e a escrever com proficiência e competência, aprendizado que é um dos poucos instrumentos que eles teriam à sua disposição para civilizar-se, para poder defender seus interesses e para ascender socialmente. Porque, afinal, ao contrário dos

---

20 "Não há certo ou errado", "cada um fala e escreve como souber", "não se deve impor nada ao aluno", "não se deve corrigir o aluno", "não se devem corrigir provas com caneta vermelha" e ideias semelhantes, que são, ao mesmo tempo, reflexos e causas do desastre pedagógico brasileiro na área.

21 V. adiante.

ricos e da classe média (pseudo)intelectualizada – e são geralmente integrantes desta os defensores de tais esdrúxulas e perversas teorias –, os pobres não dispõem de boas bibliotecas e de professores particulares nem podem fazer cursos, viajar e aprender línguas para ampliar seus conhecimentos...

Esta é a verdade. Estes são os fatos.

***

Como há mais de duas décadas atrás, quando este pequeno livro foi publicado, esperamos que as ideias acima expostas e as presentes nos capítulos que seguem sejam um incentivo ao debate e à valorização cada vez maior do professor de Língua Portuguesa, cujo papel civilizador não tem sido devidamente valorizado no Brasil das últimas décadas.

A LÍNGUA COMO PRODUÇÃO DO HOMEM

O homem produz coisas, simples e complexas, com materialidade e sem materialidade. Mas nem sempre foi assim. No começo – e este começo, ao que se presume, ocorreu várias vezes, em espaços, tempos e ritmos diversos – o homem mal se diferenciava dos animais. Como estes, coletava sua comida, servia-se dos abrigos naturais e se reproduzia, sem mesmo dispor de habilidades instintivas de espécies geneticamente sedimentadas ao longo de incontáveis milênios – os castores, por exemplo. Mas foi exatamente esta *instabilidade cultural,* se assim pode ser chamada, que o destacou do mundo puramente animal e lhe deu condições de evoluir e progredir.

Desta forma, ultrapassada a barreira da simples coleta de alimentos e dos sinais funcionais elementares – o grito de dor, de alerta etc. –, o homem começou a usar a natureza reordenando-a, em vez de simplesmente aceitá-la no que tinha de útil. A pedra foi quebrada e, assim, melhorada. Os sinais funcionais elementares foram diversificados e sofisticados. Da pedra chegou-se ao avião, ao foguete, à nave interplanetária. Dos sons guturais à língua perfeitamente organizada. Os exemplos poderiam multiplicar-se quase infinitamente.

Em resumo, o homem produziu e produz coisas. Esta produção engloba desde instrumentos e objetos que praticamente ficam restritos à pura materialidade física até modelos comportamentais, visões de mundo e construções matemáticas que dela nada possuem (o que não quer dizer que a ela não estejam referidas, pelo contrário).

Entre estas coisas que o homem produziu e produz está o *símbolo,* que ocupa um lugar específico no espaço que vai da pura materialidade à mais elevada abstração desta. Este lugar específico é consequência do fato de ser o símbolo, por definição e como a própria palavra o indica,[22] uma produção humana composta de duas partes distintas e inseparáveis, sendo uma de natureza material e a outra de natureza imaterial. Um símbolo, portanto, é formado por *algo físico* (ou material) que

---

22 Do grego συνβαλλω = lançar junto.

carrega consigo, ou em si, um *sentido* não físico (ou imaterial).

Por sua vez, os símbolos podem ser divididos em simples e complexos, fixos e variáveis, unívocos e plurívocos etc., segundo a natureza da relação entre as duas partes que os compõem. Outra divisão poderia ser a que levasse em conta a *importância* maior ou menor de uma das partes componentes. Estas questões não serão tratadas aqui.

Para o objetivo perseguido neste ensaio é necessário apenas – e suficiente – provar que, estabelecida a definição, toda palavra é um símbolo no qual a parte material é o som ou o conjunto dos sons – o chamado *significante* – e a imaterial a coisa referida – o chamado *significado*. Como esta prova é desnecessária por evidente, conclui-se que toda língua é um conjunto mais ou menos amplo de *símbolos sonoros convencionados*. Em outras palavras, símbolos cujos sons, em princípio, referem-se sempre às mesmas coisas. Desta forma, o que está na base da função exercida por uma língua em uma comunidade humana é seu caráter de *convenção*.

II
A LÍNGUA COMO CONVENÇÃO

Toda língua é, por natureza e por evidência, uma convenção, um acordo entre os membros componentes de um grupo. Os elementos técnicos que estão na base desta convenção e, portanto, da própria língua são dois: a capacidade de emitir e captar sons e a capacidade de organizá-los e ordená-los como símbolos,[23] isto é, referi-los à realidade, seja esta o próprio fenômeno humano, seja o mundo real empírico externo ao homem e sobre o qual este age.

A capacidade de emitir e captar sons não é exclusiva dos humanos e, neste sentido, pode-se dizer que cada

---

23 A percepção disto é muito antiga e a lenda bíblica da Torre de Babel é a explicação – de natureza mítica mas nem por isto menos lógica no sentido lato do termo – que o desarvorado redator do Livro do Gênesis dá para a existência de várias convenções dentro da mesma espécie.

espécie animal possui uma língua rudimentar, limitada a um som ou a um conjunto de sons sempre idênticos emitidos em situações específicas e bem definidas, como nas sensações de dor, de medo etc. Esta capacidade também os humanos a possuem. O que, porém, comumente se entende por *linguagem* é a capacidade de organizar e/ou dominar uma língua, sendo, portanto, a linguagem a nova capacidade resultante da união das duas anteriores, ou seja, a de emitir e captar sons e a de ordená-los como símbolos.

Desta forma, por óbvia inferência, uma língua é o resultado prático do exercício da capacidade humana aqui denominada *linguagem*.[24] É, portanto, rematada tolice dizer que a criança traz dentro de si a língua e que é por isto que ela aprende a falar. O que a criança possui – como qualquer indivíduo que aprende uma ou mais de uma língua –, se não apresentar defeitos nos órgãos emissores e receptores de sons[25] e se viver entre humanos que, supostamente, se utilizam de uma língua, é a capacidade de detectar e dominar esta convenção.

---

24 Um humano isolado desde a primeira infância não emite mais do que sons rudimentares e desconexos, mesmo quando adulto. Já um animal, por mais tempo que viva entre humanos, jamais aprende a falar. Um papagaio não fala. Ele apenas emite sons não-simbólicos. Tal performance é que Shakespeare imortalizou, referindo-a ironicamente aos humanos, na sua célebre expressão: *Words, words, words*.

25 Desde que, é claro, apresente como normais todas as demais funções vitais.

III
A LÍNGUA COMO IMPOSIÇÃO SOCIAL E HISTÓRICA

Se toda língua é uma convenção e funciona tecnicamente como tal, nada melhor do que o esperanto para exemplificar esta afirmação. Mas, dir-se-á, o esperanto não é uma língua. Ou, no melhor dos casos, é uma língua artificial. Exatamente, e esta é a prova, por evidência, de que uma língua é muito mais do que uma simples convenção. Ela é produção de um grupo humano e, como tal, está sujeita às suas vicissitudes. Por isto, o que na prática ocorre é que uma língua, sem perder suas características técnicas de convenção, é uma imposição social e histórica.

Um indivíduo, ao nascer dentro de determinado grupo familiar/social, carrega – supondo-se que nele venha a permanecer como membro – a inevitável sina de ter que aprender sua língua. Pode ser, é claro, que não apenas ela. Esta, contudo, permanecerá como seu referencial básico sempre que vier a dominar outras. Tal fato é uma imposição social no sentido lato da expressão. Há outra, porém, que diz respeito a um sentido mais estrito do termo *social*. Assim, por exemplo, numa sociedade em que – por segmentar-se em classes ou grupos mais ou menos rigidamente diferenciados – coexistirem variantes de uma mesma língua, a passagem de uma classe ou de um grupo considerados inferiores para uma classe ou grupo considerados superiores só é permitida àquele indivíduo que dominar antes a variante da classe ou do grupo superior. Por isto, numa sociedade de classes ou grupos rigidamente compartimentados pode ser, a partir de determinada visão ético-política, uma iniquidade de filisteu humilhar uma pessoa ou um aluno por falar ou escrever *errado*. Mas é uma iniquidade muito maior levá-las a acreditar que é isto que devem continuar fazendo. Porque a primeira atitude é e será sempre produto exclusivo da ignorância, da ingenuidade, da irreflexão ou, no pior dos casos, do desprezo do fariseu pelo publicano, para usar a parábola evangélica. A segunda atitude pode ser também apenas isto, mas não necessariamente. Pois nada impede que ela seja politicamente planejada com o objetivo de usar a língua como arma de barragem a um possível mesmo que altamente improvável processo de ascensão na escala social.

Se por *social* se entender agora a situação de todo indivíduo que integra um grupo humano num momento determinado e se por *histórico* se denominar o peso de um tempo passado, mais ou menos longo, que recai sobre o grupo e determina ou, pelo menos, influencia suas formas de vida, a língua é também, conjuntamente, uma imposição social e histórica, tanto no sentido amplo quanto no sentido estrito da expressão.

No sentido amplo porque uma comunidade humana de um espaço e de um tempo determinados não escolhe livremente sua língua, estando, pelo contrário, condicionada de forma rigorosa e inevitável por um processo no qual se integra como último elo de uma cadeia mais ou menos longa de eventos. No sentido, estrito porque a permanência e a continuidade de uma língua são fenômenos ligados às estruturas de poder da referida comunidade – e às transformações sofridas por aquelas ao longo do tempo.

A língua dominante é – ou tende a ser – sempre a língua daqueles que detêm o poder econômico, social e político. Contudo, este fenômeno, na prática, apresenta-se em formas bastar complexas, resultantes de características assumidas pelas respectivas comunidades ao longo de sua evolução. Um caso clássico é o da língua latina e das que dela resultaram ou a substituíram. O latim, instrumento, tanto quanto as frotas e as legiões, da expansão do Império Romano, desintegrou-se juntamente com este. Preservado por uma reduzidíssima elite, quase que exclusivamente ligada à Igreja, resistiu por longo tempo mas fossilizou-se como língua, tendo como tal desaparecido junto com a estrutura político-administrativa do Império, soterrado, *ex aequo,* pela crise interna e pela avalancha bárbara. Ao final da Idade Média, ao se organizarem lentamente os grandes Estados nacionais do Ocidente europeu, formam-se também as línguas até hoje dominantes região (e nas zonas de expansão colonial posterior). Por volta meados do segundo milênio, o italiano (isto é, o toscano), o francês, o inglês, o português e o espanhol[26] apresentavam-se definitivamente estruturados, em alguns casos sobrepondo-se a um número considerável de variantes, permanecendo praticamente idênticos até hoje. É claro que não é mera coincidência que tais línguas – ou as variantes delas – tenham sido e sejam aquelas das elites que montaram a base das estruturas do poder político e administrativo daqueles Estados nacionais.

Ocorre, porém, que tais elites, à semelhança das do Império Romano, desapareceram posteriormente, junto com seu sistema de poder. Por que, então, Bocaccio, Dante, Villon, Shakespeare, Camões e Cervantes permanecem até hoje inteligíveis para qualquer pessoa que fale a língua em que eles escreveram?

É aqui que entra o elemento que poderia ser chamado de *imposição histórica* no sentido estrito da expressão, e em cuja base estão causas como a centralização administrativa, a ampliação do número de pessoas letradas

---

[26] O alemão, tal como é conhecido hoje, consolidou-se em época bem posterior, refletindo a dispersão do poder entre os pequenos Estados feudais que sobreviveram praticamente até o final do século XIX, sendo unificados a partir da expansão da Prússia, sob Bismarck.

e a vulgarização – via invenção da imprensa – do livro. Tais elementos, acrescidos, a partir do séc. XVIII, dos avanços científicos e tecnológicos e da consequente complexidade das estruturas econômicas, sociais e políticas, levaram a que determinadas línguas, como as acima citadas, permanecessem, pela força da constante reprodução oral e, principalmente, escrita, quase idênticas ao longo dos séculos, tornando-se uma verdadeira imposição histórica e mantendo-se praticamente imutáveis em suas estruturas fundamentais.[27]

O fato de ser a língua uma imposição social e histórica se evidencia de forma muito clara em nações linguisticamente heterogêneas e que, a partir de determinado momento e num processo de grande rapidez, se homogeneizaram pela expansão de um centro irradiador que passa a impor sua variante, seu dialeto ou, até, em alguns casos, sua língua.[28]

Os casos da Itália e do Brasil, se bem que com características bastante diversas, se assemelham muito e são exemplares. Em ambos – no primeiro de maneira mais lenta, no segundo mais rápida –, a cavaleiro da rápida expansão dos transportes, da universalização da escolarização e do impacto dos meios de comunicação

---

27 Esta barreira que a realidade econômica, social e política representa para as mudanças em uma língua pode ser claramente percebida nas diferenças, não raro existentes, entre o que os gramáticos, miopemente, chamam de *língua culta* e *língua coloquial*.

28 Podendo, em situações específicas, ser até mesmo uma imposição política direta. O caso da comunidade basca na Espanha franquista é um exemplo extremamente adequado, além de ser muito recente.

instantânea, a variante oficial, com a qual, até determinado momento, outras competiam se não de direito pelo menos de fato, impõe-se de forma esmagadora e irreversível. Diante do toscano de Dante, de Florença, da Unificação e da RAI e diante do português de Camões, de D. João VI, do Rio de Janeiro e da TV Globo, os variados e ricos dialetos do italiano e as variantes *caipira* e *caboclo-sertaneja* do português tendem, se não a desaparecer definitivamente, como parece mais provável, pelo menos a reduzir-se drasticamente em importância.

IV
A LÍNGUA COMO INSTRUMENTO DE PODER

A língua não é apenas sinal e reflexo das estruturas de uma sociedade e da evolução desta ao longo do tempo. Ela é também e diretamente um instrumento de dominação e de exercício do poder. Não por nada a elite ateniense do séc. V a.C. e, posteriormente, a classe dirigente romana davam tanta importância à *retórica,* ou oratória, a arte de fazer discursos e de convencer. Não por nada também o perfeito domínio da língua e das leis através dos cursos de Direito representava o estágio indispensável para a carreira política no Brasil pré-industrial, controlado pelas elites agrárias do Império e da República Velha.

Por que isto? Porque a língua, por sua própria natureza, é o veículo através do qual circulam a informação e o conhecimento, além de ser a forma mais simples de alguém demonstrar que os possui. Mesmo que esta demonstração, às vezes, possa não passar de um blefe,[29] ela adquire funcionalidade num meio em que a informação e o conhecimento são propriedades de um grupo restrito de indivíduos. Disto decorre, naturalmente, um fato óbvio: quanto maior for o número de indivíduos de uma sociedade que dispuserem da informação e do conhecimento, tanto menor será o poder da palavra, quer dizer, da língua como instrumento de ação política e de controle social. É por isto que quando a palavra se aproxima do limite da total ineficiência o termo *retórica* adquire o sentido de *palavrório,* conjunto de palavras sem função.

De outra parte, como foi visto, mesmo quando adequada à realidade a palavra ou a língua como instrumento de ação tem por limites, intransponíveis, o poder de mando e o poder econômico, para não falar do caso em que os mesmos se explicitem diretamente através do poder de coação física, ou, seja, armada. Disto temos na oratória ocidental um clássico e insuperável exemplo naquela obra magistral de Demóstenes que se chama *A oração da coroa.* Enfrentando as acusações maldosas de seus adversários, que não lhe perdoavam o

---

29 Talvez não seja fora de propósito lembrar aqui um curioso fenômeno registrado no Brasil das últimas décadas: alguns políticos fizeram carreira aplicando a tática infalível de manter a boca fechada. Este fato pode ser motivo de riso, sem dúvida. Mas é inegável que tais indivíduos são suficientemente hábeis para perceber sua limitação, preferindo usar exclusivamente a máquina partidária e administrativa para alcançar seus objetivos, sem correr, assim, o risco de tropeçar na clivagem entre sua ignorância, de um lado, e a informação e o conhecimento do público, de outro.

ter-se oposto vigorosamente, com seus discursos candentes, à dominação macedônia sobre Atenas e sobre toda a Grécia, o grande orador grego do séc. IV a.C. pergunta, patético:

> Que culpa cabe a Demóstenes se o poder de uma divindade qualquer, ou dos fados, ou a imperícia dos capitães, ou a maldade dos traidores, ou o concurso de todas estas adversidades falsearam tudo, até sobrevir a desgraça?

E exclama, numa dramática confissão de impotência que atravessa os séculos como símbolo da inanidade da palavra, por mais que tenha sentido e por mais que tenha o direito a seu lado, diante da força, a *ultima ratio* do poder:

> Nos assuntos em que eu derrotava os embaixadores pela palavra, Felipe, precipitando-se, anulava minhas vitórias com as armas!

O que mais haveria a acrescentar sobre a língua como instrumento de poder e sobre os seus limites?

Como afirma Werner Jaeger em *Paideia* e como, aliás, o percebe claramente o próprio Demóstenes,[30] a *pólis* grega chegara ao ponto extremo de suas possibilidades e,

---

30 "Quem há entre os helenos e os bárbaros que ignore que, com muita satisfação da parte dos tebanos e daqueles lacedemônios, já antes poderosos, assim como da parte do rei da Pérsia, teria sido facultada a Atenas a posse do que quisesse e a conservação do que possuía, sob a condição de se adaptar à discrição de outrem e de lhe ceder a hegemonia sobre os gregos? Mas isto não estava, como é natural, nos costumes pátrios dos atenienses; não lhes era tolerável; nem a sua índole nem ninguém poderia jamais, em tempo algum, persuadir a Cidade a que, aderindo aos poderosos, se submetesse a um cômodo servilismo" (Tradução, como no caso das demais citações, de Adelino Capistrano).

enquanto tendia ao ocaso, no horizonte oposto nascia a estrela dos grandes Estados nacionais do Mediterrâneo. A palavra incendiária de Demóstenes não perdera o sentido. Ela fora, simplesmente, atropelada pela História, materializada na espada de Felipe e de Alexandre.

V
LÍNGUA E CIVILIZAÇÃO

A palavra *civilização* vem do latim *civis, is (cidadão,* masc. da 3ª declinação) e possui em português, entre outros possíveis, dois sentidos, em ambos os quais a língua é uma componente fundamental.

No primeiro sentido, *civilização* é um fenômeno de natureza *diacrônica* e pode ser definido genericamente como "o conjunto da produção material e simbólica de um grupo humano específico ao longo de um determinado período de tempo que se estende ou não até o presente". Assim, por exemplo, fala-se em *civilização hitita*, já extinta, e em *civilização judaico-cristã* (ou israelita-cristã), ainda existente.

No segundo sentido, *civilização* é um fenômeno *sincrônico* e pode ser definido restritamente como "um conjunto de crenças, valores, normas, comportamentos etc. que regram a existência de um grupo humano organizado". Assim, por exemplo, fala-se em "conflito entre civilização e barbárie", qualifica-se alguém de *civilizado* ou *incivilizado* etc.

De que forma a língua é componente fundamental da *civilização*, nos dois sentidos do termo?

1 – Língua e civilização: sentido diacrônico

No sentido diacrônico, a língua é produto, parte, instrumento e relicário de uma civilização.

• É produto de uma civilização porque, por evidência e definição, todo grupo humano, para existir como tal, cria um sistema de comunicação, que é a língua, cuja existência está indissoluvelmente ligada às vicissitudes do mesmo grupo. Este é um tema fascinante, de que se ocupam vários ramos da ciência, como a linguística, a antropologia etc. Uma constatação óbvia hoje é que possivelmente há muito tempo não se criam mais línguas. Pelo contrário, hoje muitas estão desaparecendo não raro antes de serem registradas – em virtude dos processos de globalização, de comunicação instantânea em escala planetária etc.

• É parte de uma civilização porque, como foi visto, a língua é uma componente essencial daquela. Pois é através dela, da língua, que os pósteros podem, por exemplo, identificar e desvelar a visão específica de uma civilização desaparecida, desde que, evidentemente, ela tenha, ao longo do período de tempo de sua existência, registrado suas experiências através de um sistema de escrita e desde que tais documentos tenham sobrevivido e possam ser decifrados.

• É instrumento porque toda civilização faz de sua língua um dos meios fundamentais pelos quais se perpetua através das gerações, se relaciona com outras civilizações e eventualmente as domina, expandindo-se. Este é um fenômeno recorrente ao longo dos séculos e dos milênios e facilmente identificável na história de qualquer grupo humano.

• É, finalmente, relicário de uma civilização porque, tanto ou, quase sempre, muito mais do que monumentos e construções em pedra e mármore, a língua carrega em si e revela, particularmente nas obras de arte, a alma do grupo humano, do povo ou da nação dos quais ela, a língua, foi/é instrumento. Assim, a feroz, implacável e perene ética das tribos de Javé está expressa em uma língua primitiva, dura e pouco funcional como o hebraico; o espírito especulativo, a inquietação filosófica e a profundidade abissal do pensamento dos séculos de Péricles e Aristóteles se revelam através da fluidez semântica do léxico, da sutileza dos modos e dos tempos verbais e da ductilidade sintática do grego; e a organização, a disciplina e a eficiência dos romanos podem ser percebidas na clareza, na precisão e na objetividade do latim da época áurea do Império.

2 – Língua e civilização: sentido sincrônico

No sentido sincrônico, a língua é instrumento de treinamento da mente, de aprendizagem eficiente, de capacitação técnica, de inserção ética, de cidadania efetiva, de ascensão social e de ação política.

- *Treinamento da mente*

O aprendizado de uma língua – ou de várias – é, muito mais do que a matemática, um extraordinário e insubstituível instrumento de treinamento da mente na idade infantil e juvenil. A memorização do léxico, a fixação da morfologia, a compreensão da lógica da sintaxe e a percepção das quase infinitas nuances semânticas de uma língua são o núcleo do processo pedagógico-civilizador das novas gerações. Seria longo discorrer sobre o assunto mas a verdade destas afirmações é tão óbvia e tão antiga que os gregos do tempo de Homero, há quase três mil anos atrás, dela tinham plena consciência.

- *Aprendizagem eficiente*

O treinamento da mente através do aprendizado de uma língua abre caminho ao aprendizado eficiente em todas as áreas do conhecimento humano. Não devem ser simples coincidências a evidência do desastre pedagógico ocorrido no ensino da Língua Portuguesa nas últimas décadas no país e o fato estatístico recentemente constatado de que cerca de 75% dos brasileiros entre 15 e 65 anos são analfabetos funcionais, isto é, não entendem o que leem.

- *Capacitação técnica*

O aprendizado eficiente, decorrente do treinamento da mente na idade adequada, é condição indispensável para a capacitação técnica de um indivíduo. O analfabetismo funcional – a incapacidade de entender um texto – é quase sempre uma barreira intransponível à ascensão profissional em qualquer área de trabalho. E não simplesmente pelo fato pontual e específico de o indivíduo não entender um texto necessário ao desempenho de sua função mas, muito antes, pela basilar e irreversível carência que esta incapacidade revela: a falta de treinamento da mente na idade adequada.

- *Inserção ética*

Todas as grandes civilizações fizeram de sua literatura – isto é, de sua língua –, ao longo dos séculos de sua formação e de sua existência, o instrumento por excelência de inserção ética, quer dizer, o instrumento pelo qual as sucessivas gerações eram impregnadas e moldadas pela visão de mundo e pelas formas de existir que a elas, as civilizações, caracterizavam e que, consequentemente, as diferenciavam das demais desde suas origens. Assim foi com Israel, com a Grécia e com Roma, para exemplificar apenas com as três civilizações que formaram os fundamentos do Ocidente. Os israelitas eram conhecidos na Antiguidade como *o povo do livro* porque as narrativas escritas desempenhavam um papel central em seus cultos religiosos, os gregos utilizavam a *Ilíada* e a *Odisseia* como verdadeiros manuais de pedagogia e os romanos faziam da *gramática* e da *retórica* as ferramentas básicas de formação dos filhos da elite dirigente. Contra fatos não há argumentos e estes deveriam ser mais do que suficientes para reduzir silêncio os – no melhor dos casos – semianalfabetos e incompetentes que em sala de aula são corifeus de um populismo intelectualmente desastroso e socialmente criminoso que vê no ensino Língua Portuguesa e de sua gramática "um instrumento das elites" para perpetuar seu poder e seu domínio sobre as classes sociais inferiores. Como qualquer primário manual de história ensinaria a estes tolos e cretinos, a verdade é exatamente o oposto: o competente e eficiente domínio do idioma pátrio – em uma era de universalização do ensino – é um dos poucos instrumentos de redenção dos deserdados, desde que tenham acesso a uma alimentação minimamente adequada e a verdadeiros professores e não a falsários da língua e a estelionatários da pedagogia.

- *Cidadania efetiva*

Saber falar e escrever segundo as regras da norma dominante é, de um lado, pré-requisito indispensável para desempenhar o papel efetivo de cidadão, isto é, conhecer e cumprir seus deveres adequadamente e reivindicar e exercer seus direitos plenamente. De outro, é condição essencial para buscar e alcançar um patamar básico mínimo de igualdade em relação a todo os demais, o que é característica identificadora das sociedades industriais mais avançadas e democráticas.

As revoluções ditas *socialistas* ou *marxistas-leninistas* do século XX na Rússia, na China, em Cuba e em outros países foram totalitárias em sua essência, tiveram como sua marca indelével a violência e o terror e podem ser acusadas de dezenas de milhares, no caso de Cuba, e de dezenas de milhões, no caso da Rússia e da China, de mortes e assassinatos. Mas jamais poderão ser acusadas de terem adotado a irresponsável e populista teoria da *liberdade na língua* e o criminoso e absurdo desprezo pela norma dominante divulgadas e praticadas pelos defensores das ditas "modernas" teorias pedagógicas e linguísticas em voga no Brasil em tempos recentes. Pois que língua foi adotada nas escolas de Cuba? Por acaso o *papiamento* de negros e mulatos analfabetos de algum bairro miserável de Havana? Não! O espanhol de Cervantes, de Calderón de la Barca e de Martí! E na Rússia? O *patois* de ignorantes camponeses e servos da gleba do vasto interior? Não! O russo da Púshkin, de Turguéniev e de Dostoyevski! E na China? Um dialeto qualquer de algum longínquo rincão agrário milenarmente esquecido e abandonado? Não! O chinês dito *mandarim,* isto é, a língua utilizada há séculos pela antiga elite aristocrática, intelectual e administrativa dos grandes centros urbanos! Mais uma vez, contra fatos não há argumentos, a não ser os apresentados por néscios e ignorantes, que nem merecem ser citados. E muito menos discutidos.

- *Ascensão social*

Em países com uma estrutura social sedimentada e madura, o bom domínio do vernáculo raramente representa por si só um fator importante e decisivo de diferenciação e ascensão social. Inversamente, em nações jovens o bom domínio da língua funciona como tal, principalmente em regiões e áreas em que a industrialização e a modernização são incipientes, parciais ou avançam lentamente. Este fato é uma evidência. Por isto, como se verá adiante, talvez não seja de todo despropositado afirmar que professores, linguistas e assemelhados que desprezam ou contestam o ensino da língua dita *culta*[31] e da respectiva gramática pretendem na verdade que este ensino continue sendo um privilégio restrito a seus filhos – que geralmente estudam em colégios da elite social e econômica. Assim eles, isto é, seus filhos, não teriam que enfrentar, na luta pela vida, os perigosos concorrentes que, vindos de baixo, tivessem aprendido "a língua das elites"... Mas talvez esta teoria conspirativa não passe de puro delírio e o correto mesmo seja simplesmente atribuir a visão irrealista e tola destes linguistas e professores à força da ignorância consolidada e/ou à má consciência social de pseudo-intelectuais

---

31 Ou *norma dominante*, se se preferir uma expressão mais neutra e politicamente menos incorreta...

que compensam seu reacionarismo político e seu atraso mental idealizando iletrados e despreparados como messias onipotentes e salvadores da Pátria.

- *Atuação política*

A retórica[32] – o uso competente da palavra como instrumento para defender interesses e para atacar adversários – foi sempre, particularmente na Antiguidade clássica, a arte do poder por excelência, ao lado da arquitetura. Tal como esta, a retórica perdeu muito de sua importância nas sociedades industriais do Ocidente mas, ainda que residualmente, manteve papel importante e, eventual e surpreendentemente, até decisivo como arma na arena da luta político-social.[33] A retórica é uma arte, não raro fascinante, e uma disciplina, que pode ser ensinada – e aprendida. Mas o importante aqui é sublinhar que o competente e acurado domínio da língua é, por definição, sua base e seu indispensável pré-requisito. Em qualquer conversa, em qualquer debate, em qualquer discurso, em qualquer artigo ou ensaio a retórica está presente, porque ela é, simplesmente, a habilidade de *argumentar* – isto é, de apresentar razões, provas, testemunhos etc. a favor da tese defendida e contra a tese atacada. E isto só pode ser

---

[32] Do grego ῥήτωρ = orador. Na língua portuguesa o termo *oratória* não é um sinônimo perfeito, porque menos abrangente.

[33] Basta lembrar, entre outros, os discursos famosos de Churchil, Martin Luther King e Fidel Castro, além do papel que a oratória ainda desempenha nos parlamentos e nos tribunais.

feito com competência e eficiência por quem conhece bem a língua e através dela expressa suas ideias de forma clara, organizada e convincente. Não é possível alongar esta análise mas, para terminar, basta lembrar que na história brasileira recente há exemplos mais do que suficientes para comprovar que o domínio da língua é ainda um instrumento altamente eficiente de luta política e que seu desconhecimento, se por si só não leva necessariamente ao desastre, pelo menos colabora efetivamente para apressar sua consumação. E para demonstrar mais uma vez – como se necessário fosse – que tinha razão Aristóteles quando, há quase 2.500 anos, estabeleceu um dos princípios fundamentais de sua *Lógica*: Do nada resulta nada.

VI
A Língua e a Gramática

A gramática – como *livro* ou *disciplina* – é o levantamento sistematizado, feito a *posteriori,* das normas que regem determinada língua, normas estas que dizem respeito à escrita (ortografia), aos sons (fonética), à forma das palavras (morfologia), às ligações entre elas (sintaxe) e ao sentido das mesmas (semântica).

Pela própria definição e pela origem da palavra[34] fica evidente que a gramática só pode existir como tal quando a língua em questão pertence a uma *cultura letrada,* isto é, a uma comunidade que use a escrita e faça dela uma das formas de comunicação entre seus membros, ao lado da forma oral. Não que em uma *cultura oral,*

---

34 Do grego γραμμα = letra.

isto é, uma sociedade em que a escrita não exista ou tenha reduzida importância, não haja uma gramática no sentido lato do termo. Esta existe, necessariamente, pois a existência de normas básicas mínimas é o próprio fundamento desta convenção que se chama *língua*.

No entanto, a gramática, no sentido estrito de *livro* ou *disciplina,* pressupõe a escrita e, mais ainda, certa sedimentação e certa estratificação sociais. Em outros termos, pressupõe uma estrutura de poder mais ou menos definida na qual as normas do escrever – e do falar – tenham curso forçado. Não por nada – e esta é uma evidência histórica – as gramáticas surgem quando as respectivas comunidades – sociedades, nações, Estados ou como se quiser chamá-las – atingem um grau elevado de centralização administrativa e política. Em outros termos, uma significativa concentração de poder nas mãos de um grupo que, por suposto, fala a *língua correta*. E a impõe aos demais.[35]

Por isto não procede, mesmo em se tratando de uma língua viva, a distinção entre *gramática normativa* e *gramática descritiva*. Esta distinção é um sofisma resultante de um pressuposto idealista implícito: o de que um indivíduo tem a liberdade de falar e escrever como quiser. Isto é uma falsidade evidente e quem afirma tal coisa só pode ser um ingênuo ou um insano. E para prová-lo basta submeter-se a qualquer concurso

---

35 "Uma língua é um dialeto com um exército por trás" disse alguém, com precisão e concisão insuperáveis.

ou observar como são sancionados negativamente e desprezados os que falam *errado*.

Exipor as normas que regem uma língua ou impô-las são, portanto, atos por sua natureza idênticos. A única diferença que pode existir é que no primeiro caso a *forma* de imposição é mais sutil. A imposição, porém, é a mesma. Afinal, a língua não é apenas – com perdão pela redundância – um fenômeno linguístico, que, em condições determinadas e específicas, pode sofrer transformações segundo leis próprias (menor esforço, imitação, padronização etc.). Uma língua é, também e essencialmente, um fenômeno social e político.

VII
A LIBERDADE PELA LÍNGUA: UMA MIRAGEM PEQUENO-BURGUESA

Se o qualificativo *pequeno-burguês* for aplicado àquele indivíduo que, numa sociedade de classes, ocupa uma posição intermediária e um tanto indefinida, que o impede de delimitar com rigor seus interesses e de perceber com adequação a realidade da qual é parte, então pode-se afirmar que não passa de uma miragem pequeno-burguesa – ou *classe-média,* como se diria com mais precisão hoje – a teoria de que o suposto direito que um indivíduo tem de alterar a seu bel-prazer a língua que fala caracteriza um ato de liberdade.

É próprio da visão pequeno-burguesa, na sua intrínseca incapacidade de entender o mundo, apelar para o irracionalismo, tomando os efeitos pelas causas e a aparência pela realidade. No caso da teoria da liberdade pela língua trata-se de uma típica posição pequeno-burguesa que toma a nuvem por Juno.

Na verdade, o que ocorre é que em épocas de rápidas e profundas transformações econômicas e sociais a língua de uma comunidade sempre enfrenta um certo processo de defasagem – em particular na semântica, com menos intensidade na sintaxe – em relação à realidade, defasagem que se explicita na incapacidade, revelada pela linguagem, de referir o real, pois em tal situação os sons passam a carregar sentidos de coisas antigas que desapareceram, não tendo, por outro lado, sido ainda criados – ou, mais comumente, adequados – sons novos para novas coisas surgidas. Assim, pode-se dizer, a língua começa a ranger e durante certo tempo difunde-se um mal-estar generalizado no setor, como ocorreu na década de 1920 no Brasil e como ocorre hoje, para não citar o caso também característico dos anos que se seguiram à Revolução de Outubro na Rússia.

Em momentos como estes, a visão pequeno-burguesa, incapaz de entender a língua como um fenômeno social e histórico e de desvendar os mecanismos que regem a sociedade como um todo, se excita e se torna, ela própria, reflexo das transformações ocorridas. Contudo, inconsciente disto por suposto, toma os efeitos pelas causas e passa a pregar a transformação do mundo... pela linguagem – ou pela língua em si –, imitando os que, em outras eras, pregavam a transformação do mundo pela *arte engajada*.[36]

---

36 V. Dacanal, José Hildebrando. "Arte engajada, ópio do pequeno-burguês em crise." *In: Dependência, cultura e literatura*. São Paulo: Ática, 1978. Republicado em *Era uma vez a literatura...* Porto Alegre: BesouroBox, 2018..

E assim nasce a ilusão de que alterando uma regência verbal ou trocando uma forma pronominal direta por uma oblíqua se pode conquistar a liberdade! Mas a liberdade, mesmo quando exercida através da fala ou da escrita, pressupõe bem mais do que inócuas alterações na sintaxe. Pressupõe o controle da informação, a posse do conhecimento e, claro que não por último, o respaldo do poder, seja este de caráter diretamente político, seja, como pode ser em nossa sociedade, de natureza apenas (!) econômica. Porque o poder de mando e o poder econômico são os limites do poder da linguagem – e da língua como instrumento de ação.

Para evitar confusões e mal-entendidos, não é fora de propósito lembrar aqui, em breve digressão, que as afirmações acima dizem respeito somente à produção de caráter analítico e não à que se enquadra na área do que vulgarmente se chama de *arte*. Esta, por sua própria natureza, não pode ser julgada pela maior ou menor capacidade de fornecer decalques do real. Não é raro, aliás, que concepções equivocadas – do ponto de vista lógico, histórico etc. – estejam na base de produções artísticas excepcionais. Como também não é raro que épocas de defasagem entre os sons significantes e o mundo significado, como as antes citadas, se caracterizem por serem momentos extremamente criadores em termos artísticos. Do que, mais uma vez, o Brasil da década de 1920 e a Rússia pós-revolucionária são exemplos adequados.

VIII
O PORQUÊ DA CONFUSÃO

Dependendo do ponto de vista, pode-se julgar lamentável pelo baixo nível técnico e pela desorientação, ou simplesmente divertido, por perfunctório, o renovado, e acalorado, debate sobre questões como língua, gramática etc. Tal atitude, porém, não explica o porquê da confusão reinante, cujas causas são remotas e próximas. Antes de analisá-las fazem-se necessárias, para evitar que a confusão se torne ainda maior, duas observações.

Em primeiro lugar, diante dos graves problemas políticos, sociais e econômicos enfrentados pelo Brasil, e pelo continente, tais discussões são de importância, no mínimo secundária, se é que têm alguma. Em segundo, as editoras – uma atividade empresarial em alta num país que se moderniza e no qual se universalizam a alfabetização e a escolarização – e os autores possuem o maior interesse em alimentar o debate, sobre qualquer assunto, pois seu objetivo é acumular capital em cima de *modismos*, seja no setor do livro convencional, relativamente pouco importante, seja no setor do livro didático, que é o negócio mais rendoso, principalmente quando se torna rapidamente obsoleto. Numa economia de livre mercado não há como fugir a isto, se bem que na área didática o governo se verá obrigado a tomar medidas drásticas, mais cedo ou mais tarde, já que a mesma é social e politicamente muito sensível.[37]

À parte, portanto, a relativa desimportância do tema e os interesses econômicos e comerciais que em torno dele circulam, por que a controvérsia e a confusão?

Observemos de início que os gramáticos brasileiros do passado dividiam-se, por sua origem, basicamente em dois grupos: ou eram de formação leiga, e representavam um segmento dos *letrados* tradicionais,[38] ou pertenciam aos quadros da Igreja Católica. Esta constatação em si não significa nada. Vista historicamente é importantíssima, pois explica por que era inevitável que assim fosse. Para o gramático leigo – via de regra procedente de uma família decadente da classe dirigente

---

37 Este texto foi escrito logo no início da década de 1980, quando a distribuição de livros didáticos pelo então MEC era ainda incipiente (Nota de 2012).
38 Sobre a função e a visão dos letrados v. Dacanal, José Hildebrando. "A Literatura Brasileira no séc. XX – notas para uma leitura proveitosa", *in Era uma vez a literatura*. Porto Alegre: BesouroBox, 2018.

–, a língua a ser policiada era aquela das elites, para as quais ela funcionava como instrumento de poder político e sinal de superioridade social. Para o gramático integrante dos quadros da Igreja, a língua das elites – e, portanto, sua gramática – era instrumento de sobrevivência, fosse no púlpito, como atividade catequética, fosse na sala de aula, como atividade pedagógica, formadora esta, por sua vez, dos filhos das elites e dos quadros da própria Igreja. Assim fechava-se o círculo e o papel de ambos, portanto, imbricava-se intimamente. Afinal, o que os unia podia não ser muito mas era tudo: o fato de pertencerem ao reduzido grupo de pessoas alfabetizadas e escolarizadas em uma sociedade agrária e pré-industrial, na qual a língua era o instrumento privilegiado do exercício do poder e da dominação social.

Num país que, a partir das primeiras décadas do séc. XX, começou a transformar-se aceleradamente, passando de agrário a urbano-industrial, a questão da língua – e da gramática – teria que colocar-se. Já na década de 1920 ela surgiu de forma violenta com Mário e Oswald de Andrade, os quais propunham, em direções diversas mas sempre em oposição ao passado, reformulações ortográficas, morfológicas e sintáticas do português. Mais tarde, por volta de 1950, a obra de João Guimarães Rosa – profundamente marcada pela variante caboclo-sertaneja – fez com que o debate renascesse. Em ambos os casos, porém, fosse por isolados no tempo e no espaço, fosse por quase que exclusivamente restritos ao campo da literatura, a questão dos gramáticos e da gramática não veio diretamente à tona.

O debate atual parece ser produto do novo ciclo de transformações vivido pelo país nas últimas décadas. Diante do processo de rápida modernização social e de universalização da escolarização, a justificação teórica da gramática tradicional – simples codificação *a posteriori* das normas da língua das classes dirigentes – se revelou frágil. E os gramáticos, confusos, se perderam em meio à poeira, ora vendo apenas as árvores em vez da floresta, ora não vendo absolutamente nada. Por quê?

Porque o elemento a-histórico que sempre sustenta a gramática tradicional – a absolutização de uma variante específica de um grupo social específico no tempo e no espaço – rui diante da evidência da existência de outras variantes e, portanto, de outras normas (nem *corretas* nem *cultas*, é claro...) e do fato de que a própria variante dominante pode sofrer eventualmente algumas transformações, mesmo que de reduzida importância. Ora, como tanto a visão dos *letrados* tradicionais, que moldara o gramático de formação leiga, como a visão da Igreja Católica, que moldara o gramático de formação eclesiástica, caracterizavam-se pela completa ausência da noção de *História* (como processo evolutivo) e de *sociedade* (como conjunto de classes sociais diferenciadas), a confusão tomou-se generalizada.

Sem condições, portanto, de valer-se dos *argumenta auctoritatis* – Camões escreveu assim, Machado de Assis também etc. –, que eram o fundamento teórico sobre o qual se assentava sua função, e sem condições, por sua visão a-histórica e a-social, de relativizá-los, os gramáticos tradicionais ficaram como que de olhos esbugalhados diante do abismo em que desaparecia o seu papel social e pedagógico tal como era entendido no passado. Se a isto se acrescentar o aparecimento de esdrúxulas teorias gramaticais e linguísticas importadas, nas quais muitos julgaram e julgam ver a tábua de salvação que lhes permitisse continuar dizendo algo supostamente coerente ou, pelo menos, que lhes permitisse impressionar o auditório e os leitores, não é difícil entender por que o pandemônio generalizou-se.

Pandemônio que promete continuar por muito tempo, pois a área é reconhecidamente impermeável à ideia de ver a língua como um fenômeno social e histórico.[39]

---

[39] E, quando pretendem vê-la sob esta perspectiva, o fazem de forma equivocada, tola, anticientífica e perniciosa, como é o caso dos (pseudo)sociolinguistas brasileiros.

IX
COMO ENSINAR A LÍNGUA

Aquilo que os manuais tradicionais de pedagogia e didática denominam *processo de ensino-aprendizagem* é visto quase sempre a partir de uma perspectiva idealista, não referida à realidade econômica, social, política e cultural. Um contra-senso elementar, cuja fortuna e difusão resultam da ignorância pura e simples ou, mais comumente, da necessidade ideológica, implícita ou explícita, de ignorar o mundo concreto. Por tal razão, teorizar sobre o ensino da língua em um país como o Brasil, que apresenta brutais disparidades sociais e culturais, é um risco evidente. Corrê-lo não é minha pretensão aqui. As observações que seguem devem ser vistas, portanto, como generalidades que apenas adquirirão – ou não – sentido no quadro amplo da realidade concreta histórica e política. Creio, porém, que, pelas ideias expostas e pelas posições assumidas até aqui, me seja permitido fazê-las.

Considerado o que foi visto nos capítulos anteriores e estabelecido o pressuposto de que na área do ensino da língua o objetivo será sempre o de levar o aluno a falar e escrever seu idioma segundo as normas socialmente aceitas, pouco há a dizer além de obviedades evidentes para o bom senso comum. Este, contudo, é tão raro que mal não fará, se não fizer bem nem tiver qualquer resultado, retomar alguns princípios básicos que – dadas as condições sociais mínimas – deveriam nortear a ação pedagógica no setor.

Três são os fatores fundamentais a serem considerados: a realidade socioeconômica, o meio cultural e o nível de escolarização.

1 – A realidade socioeconômica

Em primeiro lugar, seja no aprendizado da língua ou de qualquer outra coisa, o aluno precisa estar razoavelmente bem alimentado. Sabe-se que este não é sempre o caso, infelizmente, de parte do alunato brasileiro. Em segundo, o aluno deve dispor dos recursos mínimos em material escolar, o que também representa um problema seríssimo no país, até mesmo na Universidade. De qualquer forma, com quadro negro, giz, papel e lápis é possível, com um pouco de boa vontade, fazer verdadeiros milagres no ensino da língua.

Já vi alunos quase miseráveis apresentarem resultados surpreendentes com a aplicação dos tradicionalíssimos métodos do ditado, da cópia e da discussão de textos – de jornais e revistas – que tratavam, por suposto, de temas mais ou menos próximos da realidade em que viviam. Qual era o segredo? Simplesmente, além do respeito, a tática de mostrar-lhes que aprender a falar e a escrever *direito* era fundamental para sua sobrevivência futura, para conseguir um emprego etc. Uma pedagogia conservadora, sem dúvida, de um ponto de vista pequeno-burguês. De qualquer forma, altamente eficiente. Por outro lado, também já vi, num colégio de elite, alunos permanecerem insensíveis a qualquer método, além de procurarem, por todos os meios, ridicularizar o professor. Mas há que reconhecer: estes, mesmo que de forma mal-educada e fascistoide, também estavam sendo coerentes. Já possuíam tudo, econômica e socialmente falando. Em consequência, não precisavam do professor, a não ser como serviçal. Na implacável lógica do poder, por eles aplicada instintivamente, afinal, para que é que existem os serviçais?

2 – O meio cultural

É um princípio elementar do bom senso pedagógico que o aprendizado se dá a partir do mundo do aluno. Tal princípio é válido, antes de tudo e principalmente, no caso do ensino da língua. Não que o aluno tenha que ficar restrito e limitado a seu mundo.

Muito pelo contrário. Mas é a *partir dele* que deverá ampliar sua informação e seus conhecimentos. Por isto, inicialmente, os temas abordados e os textos utilizados devem estar, de alguma forma, relacionados com o meio em que o aluno vive. Neste sentido, por exemplo, pode ser considerado pouco ortodoxo mas não deixa de ser viável e eficiente usar textos da crônica policial ou capítulos de uma novela de televisão como material inicial de trabalho. Da mesma forma, é absurdo tratar de temas urbanos no meio rural ou despejar – como vi – "recentíssimas" teorias linguísticas chegadas do exterior sobre alunos de uma Faculdade do interior recém-saídos da roça! Isto sem levar em conta a discutível inteligibilidade de tais teorias mesmo para mentes mais sofisticadas intelectualmente!

3 – O nível de escolarização

Abstraída a família como base do aprendizado das formas correntes de falar e escrever e considerada uma situação mais ou menos normal em termos da relação faixa etária/nível de escolarização, talvez não seja totalmente incorreto estabelecer três faixas principais no que diz respeito a técnicas de ensino (ou de *acompanhamento,* se alguém, mais crítico – ou mais tolo –, argumentar que tal palavra é por demais impositiva e pretensiosa...):

– até a quinta ou sexta série do Fundamental;
– da sexta ou sétima série em diante;
– nos cursos de Letras.

Parece pacífico que na primeira faixa o aprendizado da língua se processe fundamentalmente por assimilação, sem complicações teóricas de qualquer tipo. Através da leitura e da discussão de textos adequados que despertem seu interesse e lhe deem elementos para a prática da escrita, o aluno deve ser induzido a familiarizar-se com as normas do – como diziam os antigos gramáticos – *bem falar* e *bem escrever*, isto é, com as normas da língua socialmente aceita. Tudo isto nada mais é do que simples e antiquíssimo bom senso cuja eficiência já foi tantas vezes comprovada que não precisa sê-lo mais uma vez. Ao contrário de métodos "modernos", cuja eficiência nunca foi comprovada e, portanto, nem merecem ser discutidos.

Na segunda faixa, mantidas as práticas da leitura, da discussão e da escrita, ao processo de ensino devem ser agregados, necessariamente, dois novos elementos: um de caráter técnico e outro de caráter pedagógico amplo. Do ponto de vista técnico, é essencial a introdução de conceitos básicos de morfologia e sintaxe e a análise da estrutura lógica da oração, do período e da composição. Do ponto de vista pedagógico, o aluno deverá dispor, na medida do possível, da liberdade de escolher os textos e os temas sobre os quais vai trabalhar. Modismos teóricos, arvorezinhas ininteligíveis e obtusas teorias linguísticas à parte, neste estágio a gramática dita *tradicional* presta um serviço inestimável.

Finalmente, na terceira faixa, o aluno de Letras deve ser levado a dominar e a analisar a língua em todos os seus níveis,[40] a estudá-la como fenômeno histórico-social e a vê-la como seu futuro instrumento de trabalho. Sobre isto não há por que se alongar, pois o que poderia ser dito já o foi, neste e nos capítulos anteriores. De qualquer forma, nunca é demais repetir que teorias esdrúxulas, nacionais ou importadas, devem ficar na lata de lixo, de onde nunca deveriam ter saído. Encerrando e resumindo tudo em poucas palavras: no aprendizado da língua, em todas as situações e em todos os níveis, deve ser aplicado o mais antigo, o mais moderno e o mais eficiente dos métodos, o método de fazer falar, fazer ler e fazer escrever de acordo com a norma padrão. O mais é conversa fiada de ignorantes e incompetentes.

---

40 Observados os limites do bom senso. Semântica, por exemplo, não se aprende teoricamente mas na prática, quer dizer, lendo textos dos clássicos de todas as épocas, de todas as áreas e de todos os níveis.

POSFÁCIO
OS SOCIOLINGUISTAS E A TEORIA DO ENGRAXATE

Com exceção da Introdução (de 2005), os textos precedentes foram escritos logo no início da década de 1980, quando nos cursos de Letras, as teorias de N. Chomsky e assemelhados reinavam ainda soberanas entre tolos que nada entendiam da real natureza delas.[41] Hoje tais teorias foram abandonadas e esquecidas e uma nova geração de pseudolinguistas, ainda mais tolos e mais aparvalhados, subiu à ribalta do desconjuntado picadeiro da Academia – *the show must go on!* – para apresentar mais um triste e deplorável espetáculo: são os (pseudo)sociolinguistas.

Estes coitados deveriam apenas despertar a piedade e merecer o silêncio, pois sua mente obtusa e

---

41 V. Introdução e Adendo D.

impermeável não consegue perceber a primária e aristotélica evidência revelada pelo objeto analisado: a língua é de um lado um fenômeno linguístico – passe o pleonasmo –, com suas leis próprias, e de outro um fenômeno histórico-social, condicionado às vicissitudes políticas, econômicas e tecnológicas do grupo que a utiliza. Mas nem a piedade nem o silêncio se justificam diante de uma questão que não é privada e pessoal mas, sim, pública e social. Porque estes tolos escrevem livros e percorrem o país proferindo monstruosidade inomináveis, como aquela, ainda recente, de um pobre-diabo e doutor de prestigiada Universidade do Sudeste:

> Ensinar a norma-padrão aos pobres é fazer deles escravos da burguesia.

Pobre-diabo, aliás, que ganha polpudo salário mensal porque, nas décadas de 1950/60, estudou em um colégio de elite e foi obrigado a aprender a escrever segundo a mais rigorosa norma-padrão. E porque com isto – eis o risco de dar boa educação para beócios, pois beócio bem amestrado também aprende – obteve todos os títulos acadêmicos possíveis, redigindo suas tolices, é óbvio, no mais escorreito e castiço português...

Algaravia de mentecaptos

Pessoalmente eu não teria e não tenho nada a ver com isso. Mas o problema é público e social, porque estes pobres-diabos cometem, por sua supina e inqualificável ignorância, um monstruoso crime contra a sociedade. Nem tanto por não compreenderem a natureza do fenômeno linguístico em sua totalidade – seria exigir demais deles! – nem por atacarem o sistema de ensino enquanto recebem seus salários do erário público, isto é, do contribuinte brasileiro – afinal, só as Universidades públicas toleram tais pseudolinguistas em seus quadros. Tudo bem, diria alguém, eles também precisam viver...

Não, o maior crime que estes pobres-diabos cometem é o de não entenderem que, em um país jovem e de elevada mobilidade social como o Brasil, o rigoroso domínio da norma-padrão – a convenção – é o instrumento mais barato, mais democrático, mais eficiente e mais rápido de ascensão exatamente para os grupos situados nos estratos inferiores da pirâmide de rendas. E o espantoso é que estes pobres-diabos defendem sua algaravia de mentecaptos confessando-se esquerdistas e defensores dos pobres!!!

Segundo alguns, adeptos da teoria da conspiração, os assim autodenominados *sociolinguistas* são na verdade ultradireitistas disfarçados, cujo objetivo real é barrar a qualquer custo a ascensão social dos filhos das classes baixas, em benefício dos filhos das classes altas e médias. Há que confessar que eles têm tido inequívoco e extraordinário êxito em tal tarefa. Eu, porém, não sou adepto de tal teoria – seria subestimar a ignorância destes pobres-diabos. Com efeito, estou convicto de que a *teoria do engraxate* é a melhor, se não a única explicação para o fenômeno.

A teoria do engraxate

Deve ter sido nos anos finais da década de 1950, quando Luís Carlos Prestes (1898-1990), recém saído da prisão, transitava livre pelo país e beneficiava-se do *ouro de Moscou*, como se dizia à época. Pois a lendária e já então folclórica figura do *tenente* e líder revolucionário da República Velha costumava sentar-se, quando vinha a Porto Alegre, em uma das cadeiras de engraxate da Praça da Alfândega, ali existentes à época e ainda hoje. Enquanto o engraxate – tuc-tuc, tuc-tuc, tuc-tuc – fazia seu trabalho, Prestes perorava, insistente e vibrante, sobre a necessidade e o futuro da revolução, que, fatal e inevitável, já despontava, redentora e sublime, no horizonte do Brasil. Um dia, o engraxate, já cansado de ouvir sempre a mesma discurseira, levantou a cabeça e disse:

> Doutor, não adianta! Não vai dar certo! Aqui nóis avacaia tudo!

Como diriam os sociolinguistas: Vejam como o povo é sábio!

Quem o negaria? Tolo era Prestes. Sábio era o engraxate, cujo conciso enunciado dispensa a leitura do enxundioso *Casa grande e senzala*, do Mestre de Apipucos. E mais sábios e mais responsáveis são aqueles pais, muitos de humilde condição social e cultural, que no fim de cada ano, em todo o Brasil, nutrem o sonho de que seus filhos sejam aprovados nos concursos dos

Colégios Militares, na esperança de que eles possam ter um futuro e uma vida digna. Tolos, irresponsáveis e maléficos são estes pseudosociolinguistas, que pretendem abortar esta esperança.

A verdadeira diferença

Porque a diferença entre Prestes e o engraxate era genética e social. Prestes, pobre e tolo, tornara-se competente capitão-engenheiro nos Institutos Militares, que então eram as únicas e hoje continuam sendo as melhores instituições de ensino técnico no país. E o engraxate, pobre e sábio, ali estava, a seus pés, por não ter estudado. E nem se pode culpar os pseudosociolinguistas por isto, porque então esta raça – perdão, retiro o termo, esta *canaille* – nem existia. Mas, agora que eles existem, perguntem a estes pseudosociolinguistas, refestelados em seus gabinetes, qual o futuro que eles desejariam para seus filhos: o de Prestes ou o do engraxate? Sim, perguntem a eles, estes assassinos do futuro e da esperança!

Sim, no Brasil nóis avacaia tudo! E os pseudosociolinguistas brasileiros, com suas perversas pseudoteorias destinadas a formar tolos à sua imagem e semelhança, são o apodítico exemplo. Porque a sociolinguística pode ser uma ciência, aliás de alto valor – e quem leu K. Vossler (*Frankreichs Kultur und Sprache*) e outros sabe disso muito bem. Mas ela não tem nada a ver com a irresponsável, insana e socialmente criminosa papagaiada dos autodenominados sociolinguistas brasileiros. Porque aqui nóis avacaia tudo!

Dejetos de um cataclisma

Mas o que se poderia esperar de um país que em 30/40 anos cresceu 100.000.000 de bárbaros e passou da Idade da Pedra e do Ferro à Segunda/Terceira Revolução Industrial?!

De uma sociedade que viu se esgarçarem abruptamente todos os seus valores comportamentais e seu sistema de ensino ruir fragorosamente? Não, os pseudosociolinguistas brasileiros não são culpados de nada. Faça-se justiça histórica: eles não passam de ínfima parte das ruínas de uma civilização extinta antes de amadurecer – como diria Euclides da Cunha.

Sim, os pseudosociolinguistas brasileiros não têm nem culpa nem qualquer importância. São apenas sombrios e nefastos dejetos de um cataclisma. Mas era necessário que alguém os identificasse como tais. Isto também é justiça histórica.

ADENDOS

A. EU SOU UM IMBECIL

Meu genro era um pobre coitado. Como eu, nascido na roça e sem perspectivas de futuro. Mas eu tivera a sorte de estudar nos antigos seminários da antiga Igreja Católica, e de lá saíra conhecendo oito línguas. Ele não, mesmo porque os seminários e a Igreja daquela época já tinham acabado duas ou três décadas antes dele nascer. Uma coisa, porém, nos unia: a curiosidade intelectual e a ambição de subir na vida. É o suficiente, desde que trilhando o reto caminho, como diria São Paulo.

Quando ele apareceu, trazendo consigo não muito mais que seu bom caráter e a pouca idade, percebi imediatamente que ele era mais uma das incontáveis vítimas que, independentemente do nível econômico e da classe social, formam o desastre civilizatório brasileiro das últimas quatro décadas: 100 milhões de bárbaros, desagregação moral e caos pedagógico. E 60.000 mortos a bala por ano!

Método antiquado

Seguindo o velho viés de ordenar o mundo à minha volta e disto tirar as vantagens possíveis para uma *vita grata* – como diziam os romanos –, ainda que modesta, comecei a pensar no que fazer. Cheguei à conclusão de que, se eu lhe desse alguma qualificação e o treinasse, talvez ele pudesse me ajudar em algumas tarefas braçais básicas, como digitação de textos, editoração etc. Em resumo e na terminologia dos economistas: ele obteria algumas vantagens na relação custo/benefício e eu teria mão de obra barata e confiável.

O erro

Foi aí que eu cometi um erro fatal. E um crime pedagógico. Em vez de dizer a ele que "estudar é prazer", que "cada um deve falar e escrever como quiser", que "análise sintática é uma velharia inútil", que "gramática é um instrumento utilizado pela burguesia para dominar os pobres", que "corrigir redações com caneta vermelha é violentar o aluno", em vez de proferir tantas e tão brilhantes asnices (que os asnos reais me desculpem!), o que é que eu fiz? Peguei uma vara de ipê de um metro, bati na mesa e disse:

– Meu filho, estudar é sofrimento. Civilização é repressão. Você tem que falar e escrever segundo as regras gramaticais, do contrário você não tem futuro. Vamos começar pela análise morfológica e sintática e pelo latim, para conhecer a lógica das línguas indo-europeias.

Pior do que isto: mandei-o ler livros "velhos", a ter seus cadernos de vocábulos, a decorar as cinco declinações latinas. E ensinei-o a dissecar sintaticamente orações e períodos. Enfim, utilizei todos os métodos antiquados, renegados e odiados pelos quadrúpedes da pedagogia dita *moderna*. E então o que aconteceu?

Eu sou um imbecil

Aconteceu – incrível! – que estes métodos utilizados há três mil anos no Ocidente funcionaram. E produziram um milagre. E um desastre.

Um milagre porque em cerca de um ano ele dominou os conteúdos básicos da sintaxe, compreendeu o sentido das declinações e traduzia breves textos latinos. Um desastre porque logo depois ele começou a dar aulas em conhecida instituição, se prepara para o vestibular e certamente cursará Letras.[42] E eu perdi meu auxiliar de confiança e fiquei sem a mão de obra barata que eu treinara!

Veja, surpreso leitor, como eu sou um imbecil! Se eu tivesse aplicado os brilhantes métodos desta récua de asnos defensores e promotores da pedagogia dita

---

42 O desastre foi ainda maior, porque felizmente ele *não* foi fazer Letras. Está cursando Economia Pública, lê Montesquieu (*O espírito das leis*) e Aristóteles (*A política*) e é monitor em Cálculo Diferencial!!! (Nota de 2011).

moderna, nada disto teria acontecido. Sim, sádico leitor, eis aí a prova irretorquível da verdade: o quadrúpede sou eu. Não eles!

B. OS QUADRÚPEDES

Tempos atrás faleceu alguém que eu conhecia há várias décadas e cujo nome e profissão é melhor omitir. Mesmo porque tal não vem ao caso.

Nunca tivemos qualquer contato. Mas eu sabia que no espaço privado ele era uma pessoa decente e cordata. O que também não vem ao caso, porque no espaço público era um adversário ideológico e político. E para mim não passava de um ingênuo, um inocente útil, um pobre-diabo. E de poucas luzes, para usar um eufemismo. No entanto, à distância, eu nutria certa admiração por ele. Por quê?

Porque eu tenho uma visão de pedagogo, de historiador, de estadista. E ele, com seu limitado talento, era um exemplo paradigmático do que é educação, formação, treinamento. Enfim, do que é civilização. Era disciplinado e competente em seu ramo e alcançara postos de relativa importância em sua profissão. Por quê?

Antes do caos

Porque a geração dele, como a minha, foi das últimas formadas antes do caos civilizatório e do desastre pedagógico no Brasil. Antes dos 100 milhões de bárbaros nascidos em 40 anos – duas Espanhas e meia, mais de uma Alemanha reunificada! – e antes da invasão cataclísmica e devastadora dos quadrúpedes que atacam o "ensino conteudístico" – como se existisse outro! –, que afirmam que "estudar é prazer", que são contra o ensino da gramática "porque ela é um instrumento de dominação da burguesia," que não corrigem redações com tinta vermelha porque "isto é violentar o aluno"... E outras e semelhantes asnices de mentecaptos.

No meu tempo, nos tempos do meu conhecido e pelo menos há três mil anos no Ocidente ninguém discutia estas ideias de jericos dementes. Estudava-se e aprendia-se, com dedicação, com sacrifício e até com sofrimento. Porque o estudo formal e continuado disciplina os mais talentosos e eleva os menos dotados. E permite não raro que estes alcancem e até superem aqueles. E assim faz com que, na luta pela vida, todos partam, na média, de um mesmo patamar.

Colégios militares

Por isto, os Colégios Militares são hoje as melhores instituições de ensino do Brasil. Por quê? Porque independente de sexo, de talento, de melanina, de classe social e de poder econômico, eles – ainda! – impõem disciplina e fornecem conteúdo. Porque – felizmente! – não foram influenciados pelas manadas de quadrúpedes de várias áreas e por suas falcatruas pedagógicas.

E é comovente, nos dias de concurso para estas instituições, ver os pais, em sua maioria de modesta condição social, acompanhando e incentivando seus filhos, na esperança de que estes, através de um ensino de qualidade, se eduquem e conquistem um futuro melhor que o deles. Estes pais, sim, são admiráveis e conhecem o mundo. Ao contrário dos quadrúpedes que, refestelados em seus gabinetes, pregam, entediados, o estelionato civilizatório e o sequestro do futuro.

2010

C. A PEDAGOGIA DAS CENTOPEIAS

Tempos atrás alguém – não cito nome nem profissão, a autoidentificação é mais do que suficiente – publicou um artiguete em um jornal local afirmando que *alunos são ensinantes*. Isto é, os professores aprendem com eles.

Eis aí a prova do desastre educacional brasileiro! O pobre-diabo que tem a coragem de proclamar tal barbaridade é um infante mental – e neste caso deve ser considerado inimputável e impublicável – ou ignorante convicto – e neste caso não deve exercer a profissão que tem, ainda que possa, e mesmo deva, ser publicado, já que a liberdade de opinião é um direito constitucional extenso a todos. Como me dizia famosa médica, colega de magistério na UFRGS: – Você não aprendeu ainda que às vezes o silêncio é o preço da competência?

Eu tenho tentado calar a boca! Mas é difícil! Fui aluno por cerca de trinta e cinco anos e professor por mais de quarenta. É possível que meus alunos não tenham aprendido muito comigo. Mas é absolutamente certo que eu nunca aprendi nada com eles. Não, alunos nunca me ensinaram nada. Absolutamente nada! E sempre aprendi algo com meus professores, com todos eles, mesmo com os mais idiossincráticos e limitados.

O bom professor

Dadas as condições mínimas de alimentação e saúde do alunato, o bom professor é aquele que, em qualquer nível, exigindo disciplina, aplicando o método adequado a cada matéria e utilizando os controles necessários, alcança seu objetivo: fazer com que ao final do semestre ou do ano os alunos dominem com eficiência média o conteúdo respectivo.

Obviamente, *educação* é um conceito que envolve, além da escola, várias outras componentes fundamentais – como a família e o contexto social, principalmente. Mas na escola *ensinar* é sinônimo de disciplina exigida e conteúdo transmitido. O resto é estelionato e fraude, há milênios. E o bom professor é aquele que ensina. E bom aluno é aquele que aprende. Isto é civilização. O resto é populismo barato, politicagem safada ou canalhice explícita, também há milênios.

Eu sei, eu sei! Como ser bom professor em um mundo em que os alunos vão para a aula com drogas, facas e revólveres? Ou em que, como em Viamão, aquela professora exemplar que praticou o heroico ato civilizatório de mandar o aluno limpar o que ele emporcalhara é condenada, pela Justiça ou sei lá por quem, a pagar meio salário mínimo? Mas isto não muda a realidade. Apenas explicita o fato de que se marcha para a barbárie, referendada precisamente pelos que deveriam contê-la. E ela sempre vence.

Mas, antes da avalanche, eu queria fazer uma retratação. Em artigo anterior qualifiquei de *quadrúpedes* os panacas defensores da pedagogia dita *moderna*. Eu me penitencio. Eu errei. Eu peço desculpas! Quadrúpedes são animais com reduzido número de patas mas de alto desempenho operacional. Que imbecil que sou! Como não pensei nisto antes!? *Pedagogia de quadrúpedes* não é uma expressão adequada e pode, equivocadamente, ser entendida como um elogio. A expressão semanticamente mais adequada é *pedagogia de centopeias*. Elas têm um monte de patas. E, pobres animaizinhos de Deus, apenas rastejam.

2010

D. ENTREVISTA ao JORNAL JÁ [43]

JÁ – Há muitos anos você está bastante afastado da vida intelectual da cidade, não tem dado entrevistas e nem escreve. Por que aceitou agora falar a JÁ?

José Hildebrando Dacanal – Vamos por partes. Tudo a seu tempo. De fato, andei e ando meio afastado. Sabe, filhos, negócios, compromissos profissionais e, em última instância, os interesses pessoais determinam que se escolha isto ou aquilo. Agora, contudo, se juntaram uma série de coincidências, que, quero deixar bem claro, nada têm a ver com a entrevista de um colega meu no número anterior. Pelo contrário, há anos venho me irritando com os que chamo de *pretensos novos gramáticos*. Os meus alunos sabem disto. Não se trata de uma ou duas pessoas, nada a ver. É uma teoria que há muito está no ar. Inclusive, faz vários anos que esbocei um livrinho que deveria chamar-se *Linguagem, poder e ensino da língua*. Pelas injunções citadas acima, o ensaio não avançou muito e é possível que não avance...

JÁ – Mas, afinal, por que agora?

JHD – Está bem, porque surgiu este jornal aí interessado nestes assuntos e porque o assunto é de meu interesse. Veja, nas Faculdades de Letras de todo o país, principalmente nas disciplinas de Linguística, estão

---

43 Entrevistas ao *Jornal JÁ*, Porto Alegre, n. 1, outubro de 1985.

circulando estas teorias a que me referi. Inclusive aqui. A minha atividade profissional é a de professor de Literatura Brasileira. De acordo com um método testado há algum tempo – ele não chega a ser recente, tanto que na pedagogia do Ocidente remonta, pelo menos, ao séc. V antes de Cristo! – não dou muito valor a aulas expositivas. Procuro fazer ler, pensar, discutir e escrever organizada e corretamente...

JÁ – Corretamente, o que é *corretamente?*

JHD – Espera, é aí que bate o ponto. No semestre passado corrigi cerca de 400 dissertações. É claro que para tanto sou pago mas, mesmo assim, estaria eu sendo ignorante ou incompetente ao fazer isto, na linha de uma pedagogia abonada por mais de dois milênios e meio? É o que afirmam os *pretensos novos gramáticos,* segundo os quais meu trabalho de sanção é inútil e até prejudicial. Coitados, eles ouviram cantar o galo e não sabem onde.

JÁ – Como, não estou entendendo?

JHD – Desculpe, estou antecipando. É que o limite da suportabilidade da estultície humana é aquele ponto abaixo do qual o estulto passa por sábio, o sábio por estulto, o incompetente por competente, o competente por incompetente. Observe que as teorias dos *pretensos novos gramáticos* colocam em xeque meu trabalho. É o que me indigna, é claro. Agora, para ser entendido, vou tentar fazer com que esta indignação – no que estou bem acompanhado, pois o redator do *Eclesiastes,* há mais de dois mil anos, já dizia, segundo a versão dos

Septuaginta: Stultorum irfinitus est numerus! –, vou fazer com que esta indignação, repito, seja sufocada em benefício da lógica e da organização. Assim, tentarei esboçar em umas poucas linhas o conteúdo do citado livro, que talvez jamais venha a ser publicado. Antes, porém, solicito compreensão pela não explicitação rigorosa dos conceitos utilizados – neste espaço impossível – e pela forma extremamente condensada, quase telegráfica, com que as ideias serão apresentadas.

JÁ – Ainda bem, olha o espaço...

JHD – Partamos de um pressuposto fundamental, que no meu projeto de livro está na metade do caminho de uma longa série de raciocínios e que aqui passarei a considerar como uma evidência. Este pressuposto é o seguinte: uma língua é e só existe primordialmente como uma convenção, um acordo entre membros de um grupo, um acordo em cuja base estão dois elementos técnicos, que são a capacidade de emitir e captar sons, que não é exclusiva dos humanos, e a capacidade de organizá-los como símbolos, isto é, referi-los à realidade, ao mundo circundante. Uma língua é, portanto, em princípio, uma convenção de um grupo, como o são os sinais de trânsito (*em princípio,* anote, pois este problema terá desdobramentos a seguir, se houver espaço). Mas esta convenção é fruto de um processo, digamos, democrático? Teoricamente, sim, se imaginássemos que qualquer grupo de indivíduos com o mesmo poder econômico e social pudesse, a qualquer momento, criar uma língua. E pode. Mas, na prática, o que ocorre é que esta convenção que se chama *língua* se torna uma imposição. A língua é uma imposição histórica e social, apesar de funcionar tecnicamente como uma convenção. Isto são obviedades e se eu passar por inteligente ao dizê-las credite isto ao meio... Em resumo, os *pretensos novos gramáticos,* coitados, ouviram cantar o galo e não sabem onde. Andam como baratas tontas. Pois é claro, linguisticamente não há certo ou errado, não pode haver...

JÁ – Como? Você está se contradizendo...

JHD – Calma, calma. Linguisticamente não há certo ou errado porque, estabelecida a convenção, esta, por definição, está correta. A variante *caipira* – hoje em extinção – do português estava ou está tão correta como a variante dita *culta.* Na variante *caipira* dizia-se ou diz-se: eu fazia, nóis fazia etc., sem flexão. Aliás, no inglês também: *I take, we take* etc. Em termos linguísticos, isto é, considerada a língua primordial e abstratamente como uma convenção, tudo está certo.

Contudo, a língua só *funciona* como uma convenção. Mas ela não é simplesmente isto. Ela é um fenômeno social e histórico. E por isto falar como um caipira está socialmente errado e falar inglês está certo... Quer dizer, não estou fazendo ironias, estou me referindo ao fato de tanto a variante *caipira* como o inglês não terem a flexão. Enfim, *socialmente há certo ou errado.* E quem determina o que está certo ou errado? Ora, elementar: a língua (ou variante) dominante em uma época é a língua (ou variante) da classe dominante naquela época. Resumindo esta sequência um pouco desordenada de raciocínios: toda língua é, por definição, uma convenção imposta pela classe ou grupo socioeconomicamente dominante...

JÁ – Espera aí, isto é radical...

JHD – Você o disse bem, radical, no sentido de primordial, elementar, básico. Ou, como prefiro, óbvio. Ou você acha que é mera coincidência que a língua francesa seja a variante da Île-de-France, onde, por volta dos séc. XIII/XIV nasceu o Estado nacional francês? Ou será acaso que o italiano oficial seja o toscano, a região em que fica Florença, a pérola do Renascimento em termos econômicos, sociais, políticos e culturais? Ou que o espanhol de hoje seja a variante dos pequenos reinos de Castela e Leão sobre os quais se estruturou a administração do Estado a partir da expulsão dos mouros? Ou que o nosso dito *código urbano culto* seja a variante da administração de D. João VI e do Império e não a variante *caipira* paulista ou a *caboclo-sertaneja*? Obviedades, obviedades! Os *pretensos novos gramáticos* são uns ingênuos, não tanto por atacarem a gramática, simples levantamento *a posteriori* das regras da variante utilizada pelas classes dirigentes, mas principalmente por não verem a língua como um fenômeno integrante da evolução histórica e das estruturas de poder de uma sociedade. É aí que eles se perdem, caindo, por sua miopia histórica, numa *contradictio in terminis* tão elementar que até se tornam divertidos. Você não vê como atacam a gramática utilizando o mais escorreito e castiço português?! É claro, eles podem ser burros mas não são loucos, não querem passar por marginais sociais, por isto usam rigorosamente a variante dita *culta*. Obtusos e confusos na teoria gramatical e linguística, os *pretensos novos gramáticos* são muito coerentes na prática social: eles devem pensar – e com razão – que se não usarem a variante dita *culta* não terão autoridade para dizerem o que dizem... Não é fantástico? É divertidíssimo! Bem mais coerentes em todos os sentidos são os defensores da gramática tradicional. Estes aplicam os *argumenta auctoritatis* e fim de papo...

JÁ – Mas como é que se chegou a esta confusão toda?

JHD – Boa pergunta! A história é longa e eu abordei este assunto genericamente em um ensaio intitulado *A Literatura Brasileira no século XX*. Resumidamente, esta confusão é resultado de duas coisas. Em primeiro lugar, das profundas modificações que afetaram a sociedade brasileira nos últimos, digamos, vinte anos, em todos os setores. Em segundo, da função que os *letrados* – e entre eles os gramáticos – exercem na sociedade brasileira do passado e da formação que lhes era própria, formação esta muito ou completamente limitada em termos de informação histórica e de percepção social. Sem poder me prolongar sobre este assunto, eu diria que a rapidez das mudanças tomou de surpresa os *letrados,* os quais, sem nenhuma visão histórica, ficaram desavorados. Não costumo usar meias palavras nem dizer o que não penso. Por isto me sinto em liberdade para afirmar que, apesar de julgar que certas ideias suas são extremamente contraditórias e logicamente insustentáveis, admiro o prof. Luft porque ele ousa pensar, arrisca avançar. Ele foi meu professor e nunca me criou problemas. Mas pedagógica e tecnicamente minha posição é outra, completamente outra. Politicamente não sei. Quanto a mim, por ora sou um pequeno proprietário independente e posso me dar ao luxo de dizer o que penso. As pessoas não gostam disso. Eu entendo. É que eu muito cedo aprendi que no nosso sistema só tem um mínimo de liberdade quem tem um mínimo de posses. Aprendi e tirei as consequências...

JÁ – Você está passando a outro assunto, sua vida não interessa...

JHD – Como não interessa? Isto revela a *sua* miopia histórica! Claro que a minha posição social interessa. Eu posso pensar de forma independente e dizer o que penso porque pertenço a um grupo social muito específico, os pequenos proprietários imigrantes independentes, muitos dos quais na terceira ou quarta geração ascenderam socialmente de forma rápida no Rio Grande do Sul. Por variados caminhos e em vários setores, desde o intelectual até o das redes de supermercados e empórios comerciais. Eu, por exemplo, só pude estudar porque existiam os antigos seminários da Igreja Católica, à qual os camponeses italianos estavam intimamente ligados. É claro que hoje a situação mudou e muitos descendentes de imigrantes engrossam as favelas das grandes cidades. Este sim é outro assunto. Mas eu queria, antes de terminar, atacar também os pseudolinguistas, para ser justo com todos...

JÁ – Neste seu projeto de livro uma parte do título fala em "ensino da língua". Como você ensinaria português?

JHD – Ensinaria não! Ensino! Já fui especificamente professor de Língua Portuguesa e continuo sendo na prática. Como ensino? Do que foi dito se pode deduzir tudo: procurando mostrar que a língua é um fenômeno histórico-social ligado às estruturas de classe e levando o aluno a compreender que ele precisa, necessariamente, por uma questão de sobrevivência econômica, dominar o chamado *código urbano culto*. Aliás, se eu fosse partidário da teoria conspirativa da História e se os *pretensos novos gramáticos* tivessem alguma noção do que seja História e de como funciona a sociedade, eu diria que eles estão tentando impedir que, mesmo por acaso, integrantes dos grupos sociais inferiores consigam romper as barreiras de classe. Evidentemente, nenhuma das hipóteses é verdadeira, principalmente a segunda. Tenho a impressão de que os *pretensos novos gramáticos* aplicam rigorosamente o preceito evangélico segundo o qual a mão direita não deve saber o que faz a esquerda. Aliás, pelo que sei, alguns deles nem devem distinguir a direita da esquerda. Voltando ao ensino: de que é que precisa um aluno pobre ou quase pobre do Primeiro ou Segundo Grau? Em primeiro lugar de comida, é claro. Em segundo, de educação básica: aprender a fazer contas, a pensar organizadamente e a escrever segundo as normas do dito *código urbano culto*. É isto que lhe garantirá no futuro um emprego e lhe dará, talvez, a capacidade de defender seus interesses. É claro que, pedagogicamente, este aprendizado não pode ser imposto pelo professor de forma autoritária e com desprezo pelas formas de falar do aluno. Já tive experiência nisto. Há que fazer com que ele se interesse pela leitura, por escrever, por discutir, o que o levará, automaticamente, a escrever e a falar segundo as normas correntes e socialmente exigidas. É claro – mais uma destas estranhas coincidências! – que os filhos dos ricos, dos intelectuais e até dos *pretensos novos gramáticos,* neste último caso apesar dos pais, não têm este problema. Coerente, não?

JÁ – É, visto deste ângulo...

JHD – Como "visto deste ângulo"? Ora, em termos pedagógicos e técnicos este é o único ângulo. Claro que eu sei que a questão é de vontade política e que seria uma grande ingenuidade pensar que as classes médias intelectualizadas e bem remuneradas venham a defender interesses outros que não os delas. Dominação sempre existiu e sempre existirá. Mas o que eleva meu nível de adrenalina no sangue é ver conservadores ignorantes, como o são os *pretensos novos gramáticos,* botando banca de liberais e progressistas. É também o caso de alguns teóricos de literatura infantil. E as crianças vão atrás. As grandes, entenda-se. Por tudo isto, é muito mais saudável cuidar das minhas vacas. Estou chegando lá...

JÁ – Isto aí vai dar rolo... Bem, para terminar, o que você tem contra os linguistas?

JHD – Contra os linguistas não. Contra os *pseudolinguistas*. Contra os linguistas, apesar de achar que, como em literatura, há pouca coisa a dizer que não tenha sido dita, nada tenho. Contra os *pseudolinguistas* que papagueiam teorias importadas sem saber o que dizem, sim. Vou lhe contar umas histórias.

Para tentar elevar o nível de discussão na área, há muito tempo costumo perguntar às pessoas, em aula e fora dela, para que serve, em primeiro lugar, o estudo de línguas e de linguística nos Estados Unidos e na URSS. E respondo: para formar técnicos para a CIA, a NSA e a KGB. Riem-se de mim com o riso alvar da ignorância. Que Deus os proteja, como protege aos pequeninos e aos pobres de espírito! Esta é a primeira história. Agora a segunda. Conheci um professor de Linguística que ensinava sua disciplina com exemplos em inglês porque, dizia ele, os exemplos do português não servem... À primeira vista uma afirmação deste tipo pode parecer fruto de um distúrbio mental momentâneo ou, caso clínico mais grave, de uma malformação neuronal congênita. Mas não é! Surpreendente, não?! Trata-se apenas da utilização simplória e colonizada de teorias que possuem uma funcionalidade específica no contexto em que surgiram, funcionalidade e contexto desconhecidos por quem as papagueia. E aí entra a terceira história, que me permitiu montar um quebra-cabeças que há anos me incomodava e para o qual eu não encontrava explicação lógica. Você sabe onde nasceram as "modernas" teorias linguísticas norte-americanas?

Não? Nem eu sabia. Eu as achava estranhíssimas mas nunca me tinha preocupado com sua origem. Foi um professor de Linguística, aliás, este sim parece que muito bem informado, que me deu a chave para decodificar a mensagem, como dizem os papagaios. Tais teorias nasceram num departamento do Serviço de Espionagem da Marinha norte-americana, ou coisa parecida, no qual Noam Chomsky, antes de se tornar o pacifista e o grande analista político que é, trabalhou. Claro, aí me deu o estalo. Idiota eu por não ter feito a ligação antes! Está percebendo? Qualquer pessoa minimamente familiarizada com álgebra e análise combinatória sabe de duas coisas: um código secreto é tanto mais difícil de ser decifrado quanto maior for o número de sinais que o compõem e, segundo, cada um destes sinais tem que ser unívoco. Por outro lado, todo código secreto tem uma chave e esta chave, que lhe dá valor, é também seu ponto frágil. Se ela não existir, o código é indecifrável e, portanto, inútil. Se ela existe, então pode ser encontrada e a mensagem é decodificada (note como os dois últimos substantivos que empreguei fazem parte destas "modernas" teorias linguísticas!), Resumo: nos serviços de espionagem é fundamental – para cifrar e decifrar – reduzir uma língua, quando empregada em código, às suas estruturas sintáticas elementares. Tanto para montar códigos quanto para decifrar os do inimigo, sempre através de jogos combinatórios constantes. É um jogo de gato e rato que a rapidez de processamento dos computadores tornou frenético. Não sou muito entendido no assunto – a KGB deve sê-lo! – mas dá para perceber por que aquele professor não sofria de distúrbio mental ao afirmar que Linguística só se pode ensinar em inglês (e em russo, acrescentaria eu!)? Na verdade, neste caso não se está mais lidando com o inglês de Shakespeare ou de Faulkner nem com o russo de Dostoyevski ou Tolstoi mas sim com análise combinatória, com álgebra. Naturalmente, nem o inglês de Shakespeare ou de Faulkner nem qualquer outra língua, com suas quase infinitas nuances semânticas e construções sintáticas, se adapta às "modernas" teorias linguísticas... Mas disto o professor nunca tinha ouvido falar!

Bem, vou parar por aqui antes que me convidem para trabalhar no SNI. Devem estar precisando de gente competente lá. O Paulo Francis estes dias escreveu na *Folha de São Paulo* – não sei se é verdade, mas ele escreveu – que o Itamarati utiliza há anos o mesmo código para enviar mensagens diplomáticas e comerciais. Parece piada, pois qualquer neófito na área sabe que hoje, dada a quase instantaneidade dos processos de análise em computador, um código secreto só pode ser usado uma vez. Na segunda o inimigo já terá a chave.

Interessante, não? Como você vê, há muito mais coisas entre o céu e a terra do que pensam nossos *pretensos novos gramáticos* e nossos *pseudolinguistas*. Espero que eles decodifiquem minha mensagem...

JÁ – Piadista...
JHD – Eu não. Eles!

E. PEDAGOGIA ANIMAL

A história é um tanto longa, mas vou tentar resumi-la. Foi no final da década de 1980. Eu era professor da UFRGS. Um dia a chefe do Departamento me chamou:

– Dacanal, preciso da tua ajuda. Sei que você já cumpre a carga horária suficiente, mas não há ninguém para dar aula de Literatura Infanto-juvenil no Curso de Pedagogia. Você pode nos ajudar?

Pax summum bonum – dizia Santo Agostinho. Ao contrário de um jornalista que tem o mesmo nome que eu, sou cordato e colaborativo. E lá fui eu para a sala 307 do prédio da antiga Faculdade de Filosofia, Ciências e Letras, a mesma sala em que eu tivera aulas com o professor Guilhermino César.

Foi um horror! Eram 28 alunas e um aluno. Ao meu estilo, comecei mostrando que a literatura infanto-juvenil é uma baboseira pedagógica e uma indústria editorial. Eu, por exemplo, desde criancinha nunca me interessara por esta droga. Eu queria mesmo era devorar romances policiais, de aventura, de guerra etc. No mais, livros infantis dão dinheiro para editores espertos.

Foram dois meses de silêncio. Como diria Nelson Rodrigues, eu só via 58 olhos rútilos e assassinos diante de mim. Ninguém falava. Eram animais perfeitamente amestrados e lobotomizados. Eu é que pensava! Porque um dia lá veio de novo a chefe:

– Dacanal, é chato, mas há um problema lá na Pedagogia. Não querem mais que você dê aula. Fizeram até um abaixo-assinado. E agora há uma professora disposta a assumir a disciplina. Você não se importa?

Não, claro que eu não me importava. A paz é o sumo bem. E além disso eu perdia minha sagrada sesta, nas terças-feiras, depois de uns copos de vinho... Então, melhor assim. Mas pedi para ver o abaixo-assinado. A chefe resistiu, mas depois cedeu. Peguei o documento e lá estavam, redigidas em péssimo português, oito razões pelas quais o professor Dacanal devia ser afastado. E o oitavo ponto era mortal: Não queremos mais o professor Dacanal porque ele disse que é mais fácil lidar com as vaquinhas dele do que com a gente!

Explico. Naquela época eu tinha umas sete ou oito vaquinhas no interior de Catuípe, na terra que fora dos meus pais. E eu de fato tinha dito aquilo em aula. Então eu disse para a chefe: – Tudo bem, terça-feira eu apresento a nova professora.

E assim, dias depois, lá fui eu com a professora a tiracolo. E apresentei-a:

– Aqui está a minha substituta. Mas antes eu queria dizer apenas algumas palavras. Eu li o abaixo-assinado de vocês. Sem problemas. Só não aceito o oitavo ponto. O que vocês dizem é absurdo. E vocês são o meu argumento definitivo. Porque na história do meu potreiro não há registro de que minhas vaquinhas tenham se reunido para fazer um abaixo-assinado contra mim. O que prova que realmente é mais fácil lidar com animais do que com gente.

Vi uma aluna, possivelmente a *madrinha* da tropa, bufar e vir em minha direção. Saí rápido. E fui tirar minha sagrada sesta. A história terminara. Mas não para mim. Pois algum tempo depois, entrando em uma livraria, vi *Ciropedia* (A educação de Ciro), de Xenofonte. Eu já lera dele *Helênicas* e o genial *Anábase*. Mas não aquele. Comprei e ao chegar em casa abri-o. Fiquei perplexo, estupefato!!! Porque lá estavam, logo na primeira página, estas espantosas afirmações:

> Meditando sobre isto, observei que mais prontamente obedecem os animais a seus pastores do que os homens a seus chefes... Não consta que os animais tenham alguma vez organizado uma revolta... Portanto, destas reflexões deduzi que o homem tem mais facilidade em governar animais do que em governar homens.

Foi uma das poucas vezes na vida em que perdi a voz. Só não enlouqueci porque sempre lera os livros certos, entre eles o *Eclesiastes* (c.200 a.C.), que diz: *Investiguei e vi que não há nada de novo sob o sol.*

De fato, eu apenas repetira, literalmente, o que já fora escrito há 2.500 anos por Xenofonte, o verdadeiro fundador da minha *pedagogia animal...*